Walter van Rossum

Die Tages show

Wie man in 15 Minuten die
Welt **unbegreiflich** macht

Kiepenheuer & Witsch

1. Auflage 2007

© 2007 by Verlag Kiepenheuer & Witsch, Köln
Alle Rechte vorbehalten. Kein Teil des Werkes darf in irgendeiner
Form (durch Fotografie, Mikrofilm oder ein anderes Verfahren)
ohne schriftliche Genehmigung des Verlages reproduziert oder
unter Verwendung elektronischer Systeme verarbeitet, vervielfältigt
oder verbreitet werden.
Umschlaggestaltung: Barbara Thoben, Köln
Gesetzt aus der Minion und News Gothic
Satz: Felder KölnBerlin
Druck und Bindearbeiten: Clausen & Bosse, Leck
ISBN: 978-3-462-03951-1

Über das Buch:
Wenn sich das Land um 20 Uhr vor den Fernseher setzt, dann zelebriert die Mediengesellschaft ihre Kommunion. Niemand schaut die *Tagesschau*, um die Welt zu begreifen. Man kann sagen: Die Sendung verwandelt die Realität in eine Art endlose *Lindenstraße*. Die *Tagesschau* (genau wie andere Nachrichtensendungen) versteht sich jedoch nicht als Fiktion, sondern als informative Dienstleistung. Diesen Mythos nimmt Walter van Rossum nach allen Regeln der Kunst auseinander. Er kontrastiert eine Reportage aus der *Tagesschau*-Redaktion in Hamburg (mit all den hochherzigen Intentionen der Macher) mit der minutiösen Analyse einer einzigen 20-Uhr-Ausgabe der *Tagesschau*: Welche Ereignisse werden wie, in welcher Reihenfolge und in welcher Länge dargestellt? Und wieso um Himmels willen bleibt die Welt trotz aller guten Absichten der Macher auch nach 15 Minuten unbegreiflich? Was hat das zu tun mit den Riten des medialen Apparates, den Hierarchien, täglichen Konferenzen der Chefredakteure etc.? Und was wird in der *Tagesschau* nicht berichtet? Welche realen Ereignisse werden zu »Nachrichten« – und was geschieht dabei mit den Ereignissen? Und schließlich: Wie sähe ein Nachrichtenjournalismus aus, der dem Zuschauer die Möglichkeit gäbe, zu den Fakten der Welt eine Haltung zu entwickeln, gar eine kritische?

Der Autor:
Walter van Rossum, Jg. 1954, lebt in Köln und Marokko. Studium der Romanistik, Philosophie und Geschichte in Köln und Paris. Promotion 1989. Seit 1981 freier Autor für WDR, Deutschlandfunk, Die Zeit und Freitag. Für den WDR moderierte er unter anderem die »Funkhausgespräche«. 1988 erhielt er den Ernst-Robert-Curtius-Preis für Essayistik. Buchveröffentlichungen u. a.: »Simone de Beauvoir & Jean-Paul Sartre. Die Kunst der Nähe«, 1998; »Meine Sonntage mit ›Sabine Christiansen‹. Wie das Palaver uns regiert«, 2004.

Für S & O

Du hättest schönere Bücher verdient, doch die Durststrecke des Notwendigen, auf die man uns zurückgeworfen hat, könnte ich ohne Dich nicht ertragen.

»Me We«
Muhammad Ali

Inhalt

1 Die ganze Welt und das Wetter   11

2 6. Dezember 2006
Alarm	35
Nachrichtenarbeiter	38
Bunsenbrenner oder Washington? Große Planungskonferenz	40
Erfolgsgeschichte einer Marke	46
Auszüge aus einem Gespräch mit *ARD-aktuell*-Chefredakteur Kai Gniffke	50
Tagesthemen-Konferenz 11.30 Uhr	54
Quote	62
Politik der Konferenzen	65
Das Hauptprodukt: *Tagesschau* 20 Uhr	67
Nachbesprechung	93
Genreproduktion	95
Szenen eines Gesprächs mit Anne Will	99
Tagesthemen 6. Dezember 2006, 22.15 Uhr	102
Medienirrealität	113

3 Globalisierung?
Der Chefredakteur und die Globalisierung	127
Frau Merkel in China	130
Weltwirtschaftsforum	138
Weltsozialforum	141

4 »Es ist richtig!« – Der Kommentar

Die Gattung	147
13. März 2007	148
14. März 2007	151
15. März 2007	154
19. März 2007	156
20. März 2007	160
Fernsehtheorie	163

5 Im Rest der Welt

»Ausland«	165
Iran	168
Überall Bundeswehr – nirgendwo Tagesshow	183
Danksagung	199

»Die herrschenden Meinungen, die erst gar nicht als Meinungen aufzutreten brauchen, vielmehr, lückenlos herrschend über die gesamte Öffentlichkeit (oder was man eben so nennt), Gewissheit und Evidenz automatisch ausstrahlen oder zumindest beanspruchen und behaupten.«

PETER HANDKE

1

Die ganze Welt und das Wetter

Wenn es um den Fortschritt der Menschheit geht, dann verlieren öffentlich-rechtliche Nachrichtenjournalisten regelmäßig die journalistische Fassung. So verkündet das *heute-journal* im ZDF am 15. März 2006 die Morgenröte der Menschenrechte – die UNO mache jetzt endlich Ernst: »Die größten Gangster zu Richtern in eigener Sache zu machen ist keine besonders gute Idee. Aber nicht viel anders ging es in den vergangenen Jahren in der Menschenrechtskommission der Vereinten Nationen zu: Ob Sudan, Kuba oder Zimbabwe, sie alle stimmten mit darüber ab, ob ein UN-Mitglied die Menschenrechte verletzt. Dieser offenkundige Skandal soll nun beendet werden, denn die UN-Vollversammlung stimmte am Abend für einen neuen Menschenrechtsrat. Doch auch über diesen Rat wäre es fast zum Eklat gekommen, denn den USA ist die Regelung noch zu schwach, deshalb stimmten sie mit Nein«, so Klaus-Peter Siegloch in seiner Anmoderation. In knapp dreißig Sekunden bietet er hier eine lehrbuchhaft gelungene Einführung in die wunderliche kleine Spielzeugwelt der öffentlich-rechtlichen Fernsehnachrichten.

Es sieht so aus, als hätten Sudan, Kuba, Zimbabwe und andere Kannibalen die lautere »Weltgemeinschaft« daran gehindert, Menschenrechtsverletzungen zu ahnden. Und das soll jetzt alles anders werden. Es hätte sogar noch besser werden können, wenn man die Vorschläge der Vereinigten Staaten angenommen hätte. Siegloch bietet die Kurzfassung eines frommen Märchens, das der Korrespondent Uwe Kröger im folgenden Beitrag verfilmt hat. Mit der rauen und schneidenden Stimme eines unbeirrbaren Rolex-Uhren-Trägers schlägt er uns eine Schneise durch die finstere Bilderwelt des Schreckens: Wir sehen zunächst dunkelhäutige, irgendwie islamisch anmutende Reiter, dann sehr viel deutlicher eine Fotografie von Fidel Castro – und Kröger dichtet dazu: »Es geht um die, gegen deren Menschenrecht täglich verstoßen wird, Vergewaltigung und Zerstörung in Darfur zum Beispiel – vom Regime in Khartum angeheizt. Und es geht um jene wie Fidel Castro, denen notorische Menschenrechtsverletzungen vorgeworfen werden, aber auch um jene« – und hier stockt einem der Atem, es werden unscharfe Bilder von rot verpackten Gefangenen unterlegt, eine uniformierte Frau, die eine Leine hält –, »die Guantánamo und Abu Ghuraib zu verantworten haben.« Doch die Vereinigten Staaten werden nicht beim Namen genannt, kein Bild von Bush II.

So weit die Schadensmeldung – jetzt geht Kröger über zur Verkündung der Remedur: »Aus New York heute nach langem Gezerre ein kräftiges Signal, dass die Weltgemeinschaft sich nachdrücklich für den Schutz der Menschenrechte einsetzen will.« Es sei ein neuer Menschenrechtsrat gegründet worden, der die alte Kommission ablöse. Denn die »Menschenrechtskommission in Genf entpuppte sich zunehmend als Gremium, in dem die Gangster selbst in der Jury sitzen können«. Dazu werden Bilder von den UN-Delegierten aus Kuba, Zimbabwe und Sudan gereicht. Und damit es kein Missverständnis gibt, nennt Kröger diese Länder nochmal ausdrücklich beim Namen. Gewiss ist die Menschenrechtslage auf Kuba keineswegs befriedigend, indes Kuba auf eine Stufe mit der Situation im Sudan oder auch nur in Zimbabwe zu stellen ist nichts anderes als infame Demagogie. Dem Gespann Kröger/Siegloch gelingt es in knapp drei Minuten, mehr als ein halbes Dutzend Mal diese fein selektive Sicht der Dinge in Wort oder Bild zu wiederholen. Man hätte ja auch Staaten erwähnen können, mit denen die Bundesrepublik freundschaftliche, um nicht zu sagen innige Beziehungen pflegt – sagen wir: Ägypten, Israel oder Indonesien.

Wie es dem neuen Menschenrechtsrat, ebenfalls mit Sitz in Genf, allerdings gelingen soll, »Gangster« in seinen Reihen zu verhindern, wird kaum angedeutet. Stattdessen erfahren wir, dass 170 Länder für die Gründung des neuen Rates gestimmt haben und dass es vier Gegenstimmen gab: USA, Israel, Marshall-Inseln und Palau. Dass es auch drei Enthaltungen gegeben hat, wird nicht erwähnt.

Uwe Kröger und Klaus-Peter Siegloch scheint im Eifer des humanitären Fortschritts eine kleine Sonderbarkeit entgangen zu sein: Wieso stimmen eigentlich 170 Staaten, von denen – milde geschätzt – 130 erhebliche Defizite in Sachen Menschenrechte mitbringen, für eine Einrichtung, die ihnen jetzt angeblich einfacher den Prozess machen könnte? Die Frage beantwortet sich leicht durch den Lauf der Dinge: Als sich im Juni 2006 der neue Menschenrechtsrat konstituiert, werden Vertreter aus 47 Ländern in das Gremium entsandt – darunter: China, Russland, Saudi-Arabien und Kuba.

Kurzum, der neue Menschenrechtsrat verhindert keineswegs die Mitarbeit von »Gangstern« in seinen Reihen. Genau das stand auch nie in seiner Macht – außer im Verstande gewisser vorauseilender Journalisten. Deshalb also konnten so viele menschenrechtsverachtende Staaten bedenkenlos einer Neuregelung zustimmen. Allerdings sind unter bestimmten Bedingungen bestimmte Sanktionen gegen einzelne Ratsmitglieder möglich. Der wahre Fortschritt des Rates besteht aus einer Reihe von vergleichsweise bescheidenen Details,[1] die jedoch durch das grobe und einseitige Raster der Weltwahrnehmung von öffentlich-rechtlichen TV-Nachrichtenjournalisten fallen und insofern im *heute-journal* gar nicht erst vorkommen. Mit Sicherheit ist es barer Unsinn zu behaupten, der UNO wäre ein großer Fortschritt in Sachen Menschenrechte gelungen. Der deutsche Menschenrechtsbeauftragte und CDU-Politiker Günter Nooke hat von einem Spatz in der Hand gesprochen, aus dem man etwas machen müsse, obwohl er »vielleicht schon halb tot ist«.[2] Insofern wäre es sehr viel informativer gewesen, die Schwierigkeiten einer universalen Menschenrechtspolitik einmal genauer darzustellen.

Umso interessanter ist es zu beobachten, wie Kröger und Siegloch damit umgehen, dass die USA gegen den neuen Menschenrechtsrat gestimmt haben. Ja, die USA hatten ausdrücklich eine Abstimmung – statt des Konsensverfahrens – gefordert. Auf die Begründung Israels und der beiden Inselstaaten wird gar nicht erst eingegangen. John Bolton, der damalige US-amerikanische Botschafter bei der UNO, hatte verkündet, ihm gingen die Regelungen, die den Ausschluss von »Gangstern« aus dem Menschenrechtsrat ermöglichen, nicht weit genug. Bolton, der mittlerweile sein Amt aufgeben musste, genießt selbst unter konservativen Republikanern in

---

[1] Der neue Rat wird mit 47 Mitgliedern, anders als zuvor mit 53, etwas kleiner sein. Die Mitglieder werden in geheimer Wahl von der UN-Generalversammlung mit absoluter Mehrheit bestimmt. Der Rat soll häufiger zusammentreten als die bisherige UN-Menschenrechtskommission. Es gelten schärfere Aufnahmebedingungen, und Mitglieder dieses Rates können auch ausgeschlossen werden, wenn sie eklatant gegen die Menschenrechte verstoßen. Die 47 Sitze im neuen Rat werden anhand von regionalen Gruppen verteilt. 13 Sitze gehen an Afrika, 13 an Asien, 6 Sitze gehen an Osteuropa. 8 Sitze bekommen die Staaten Lateinamerikas und der Karibik sowie 7 Sitze Westeuropa und die anderen Staaten.
[2] Interview, *Der Tagesspiegel*, 26. März 2006.

Washington den Ruf eines Rambos auf dem weiten Feld der internationalen Diplomatie, und er hat keine Zweifel an seiner Auffassung über die Rolle der UNO gelassen: »Es gibt eigentlich keine ›Vereinten Nationen‹. Es gibt eine internationale Gemeinschaft, die aber nur von der einzigen verbleibenden Supermacht angeführt werden kann, den Vereinigten Staaten (von Amerika).«[3] Er hat die amerikanische Haltung zwar nicht erfunden, doch er repräsentiert sie wie kaum ein anderer öffentlich.

Man muss sich die Absurdität einmal vor Augen führen: Da tritt der diplomatische Vertreter der USA in der UNO als unbeugsamer Menschenrechtsaktivist auf, während seine Regierung gerade eines der größten Verbrechen des Völkerrechts verübt und gegen die Menschenrechte verstößt, indem sie einen Angriffskrieg gegen den Irak führt. Allerdings weigert sich die aufgeklärte Öffentlichkeit der »freien Welt«, diesen Krieg in seiner ganzen kriminellen Dimension wahrzunehmen, und begnügt sich lieber mit rituellen Bekundungen des Unbehagens über Guantánamo oder Abu Ghuraib als kleiner Unwucht auf der Achse des Guten. Als wäre die Bombardierung von Bagdader Wohnvierteln mit einem Kinderanteil von 60 Prozent mit uranhaltiger Munition ein unvermeidlicher Kollateralschaden des missionarischen Gesamtkunstwerks namens »Demokratisierung des Irak«. Jedenfalls: Dem Vertreter eines Staates, der mit fast jedem Schlächter paktiert, um seine alles andere als humanitären Ziele durchzusetzen, diesem abzunehmen, er stimme gegen den neuen Menschenrechtsrat, weil er nicht effektiv gegen Menschenrechtsverletzungen vorginge, ist mit den Prinzipien eines noch so bescheidenen, aber gesunden Menschenverstandes nicht vereinbar.

---

[3] Jane Perlez, »Arms Control Nominee Defends Shifting View«, *New York Times*, 30. März 2001.

Es hätte genügt, darauf hinzuweisen, dass die USA jede Menge internationaler Vereinbarungen boykottieren, in der durchaus berechtigten Sorge, selbst in der Rolle des Angeklagten zu landen. Die Abwesenheit der USA beim Internationalen Strafgerichtshof in Den Haag ist dafür nur das bekannteste Beispiel.

Mit ein bisschen Recherche hätte man leicht herausbekommen, dass die USA von Anfang an wenig Interesse an den Plänen für einen neuen Menschenrechtsrat gezeigt haben. Beispielsweise hätte man Barbara Lochbihler, Generalsekretärin von Amnesty International, zu Rate ziehen können. Lochbihler hatte eine Woche vor der Abstimmung geschrieben: »Seit Monaten wird in New York über die Einrichtung eines UN-Menschenrechtsrates verhandelt, der die umstrittene Menschenrechtskommission ablösen soll. Die US-Regierung hat sich in die intensiven Beratungen wenig eingebracht, der US-Botschafter bei der UN, John Bolton, wurde in den zahlreichen Sitzungen selten gesehen. Erst als der Präsident der Generalversammlung vor zwei Wochen den endgültigen Resolutionsentwurf präsentierte, regte Bolton sich: Der Vorschlag sei nicht akzeptabel, teilte er mit; es müsse neu verhandelt werden. Der Entwurf biete zu wenig Handhabe, ›Schurkenstaaten‹ aus dem Menschenrechtsrat fernzuhalten. Solches Vorgehen zu diesem Zeitpunkt ist dreist. Denn es geht den USA – und das übersehen hiesige Berichterstatter oft leichtgläubig – keineswegs um eine Verbesserung des Menschenrechtsschutzes in der UN. Die USA handeln nach der Maxime: Ein System, das sich der Kontrolle der USA entzieht, kann kein gutes sein. Das betrifft den Sicherheitsrat, den Posten des Generalsekretärs, und eben auch den Menschenrechtsrat. Aus dieser Perspektive ist das Auftreten des US-Botschafters nur logisch. Doch dem Ansehen der USA als ›Vorkämpfer für Demokratie und Menschenrechte‹ erweist er damit einen Bärendienst. Und auch den Opfern schwerer Menschenrechtsverletzungen. Denn nur ein effizientes internationales Menschenrechtsgremium ist in der Lage, Regierungen vor einer internationalen Öffentlichkeit zur Verantwortung zu ziehen. Die USA wollten von Anfang an harte Kriterien für die Mitgliedschaft. Schwierig war es jedoch, Kriterien zu finden, die auch die USA selbst erfüllen würden.«[4]

Tatsächlich geht es wohl eher darum, dass vor dem neuen Menschenrechtsrat das höchst problematische Menschenrechtsverhalten der USA thematisiert werden könnte, während die USA im Rahmen der UNO durch ihr Vetorecht weitgehend vor Anklagen geschützt sind. Für Israels Nein dürften ähnliche Gründe gelten. Doch Bolton und die USA scheinen sich auf die journalistischen Transmissionsriemen in der »freien« Welt verlassen zu können. Und so lautet denn die hemdsärmelige Botschaft von Siegloch und Kröger: Wir – also ungefähr unsere zivilisatorischen Breitengrade – sind das humanitäre Weltgericht. Unser Kampf für die Menschenrechte macht prima Fortschritte. Wir bleiben dran. Wir haben mal wieder deutlich »Gangster« beim Namen genannt, Kuba zum Beispiel mit Fidel Castro. Und es sieht so aus, als seien die USA die führende Großmacht in Sachen Menschenrechte. Kurzum, eine Orgie aus Fehlinformation und dümmlicher Ideologie.

Und was sagt die Konkurrenz? Wenig, fast nichts. Die Gründung des neuen Menschenrechtsrats ist *Tagesschau* und *Tagesthemen* am 15. März gerade eine Meldung von jeweils 25 Sekunden wert. Beide Male wird exakt im Sinne des *heutejournals* die Gegenstimme der USA hervorgehoben, und beide Male wird das damit erklärt, dass in den Rat auch Staaten gewählt werden könnten, die die Menschenrechte verletzen. Im *Nachtmagazin* um 0.05 Uhr vom 16. März 2006 berichtet Gerald Baars von der Neugründung. Wahrscheinlich, wie man es öfters beim *Nachtmagazin* feststellen kann, mit skeptische-

---

[4] *www.amnesty.de*

ren Akzenten, doch der Film findet sich leider nicht mehr im Internet-Archiv von *Tagesschau.de*. Das war's – bis zum 9. Mai 2006, an dem die *Tagesschau* vermeldet, dass Deutschland mit großer Mehrheit in den UN-Menschenrechtsrat gewählt wurde, wobei Jan Hofer allerdings den realen 154 Stimmen zehn hinzufügt. Als am 19. Juni 2006 der Menschenrechtsrat in Genf seine Arbeit aufnimmt, berichtet die *Tagesschau* mit einem kurzen Film, der als zentrale Neuerung des Rates preist, dass hier nicht wie in der alten Kommission Staaten Mitglied sein könnten, denen »eklatante Menschenrechtsverletzungen vorgeworfen werden« können. Das bleibt auch nach der x-ten Wiederholung eklatant falsch, es sei denn, man rechnet Länder wie China oder Saudi-Arabien nicht zu solchen Ländern.

Die Gefechtslage des Humanitären ist eine heikle Angelegenheit für Journalisten. »Humanitär« bedeutet in der zeitgenössischen Nachrichtensprache ja nicht eine vage Sorge ums Allgemeinmenschliche, »humanitär« ist vielmehr eine Art Sirenenwort, bei dessen Erklingen die Menschen in den Fürsorgegebieten den nächstgelegenen Luftschutzbunker aufsuchen sollten. Mit anderen Worten: »Humanitär« ist *die* zentrale Kriegsbegründung des beginnenden 21. Jahrhunderts und seit der »Befreiung« des Kosovo zum Paradigma geworden. »Auch eine noch so ›realistische‹ amerikanische Regierung muss Menschenrechtsziele verfolgen – nicht als Instrument der Schikane, sondern im Einklang mit Amerikas tiefsten Werten und Notwendigkeiten. Eine Regierung, die dem Rechnung trägt, kann die Unterstützung der Öffentlichkeit lange behalten.« So hat es der in Kriegsbegründungen nicht ganz unerfahrene frühere US-Außenminister Henry Kissinger in seinem Ratgeber für die Außenpolitik des 21. Jahrhunderts deutlich formuliert.[5]

---

[5] Henry Kissinger, *Die Herausforderung Amerikas. Weltpolitik im 21. Jahrhundert*, München 2002.

Für Journalisten stellt sich nun die nicht immer ganz einfache Aufgabe, kriegswichtige humanitäre Konflikte von kriegsunwichtigen humanitären Konflikten zu unterscheiden. Es verhält sich nämlich so: Der humanitäre – in des Wortes ursprünglicher Bedeutung – Schiefstand auf Erden ist schier erdrückend und fast flächendeckend. In den meisten Fällen ließe sich das Schlimmste indes durch Beiträge aus der Portokasse der »freien«, vor allem aber reichen Welt mildern, in anderen Fällen könnte entschlossener ökonomisch-diplomatischer Druck viel bewirken. Doch für diese einfache Methode gibt es erschreckend wenige Beispiele. Und das ist leicht nachvollziehbar. Schließlich stehen wir mit vielen humanitär schwer defizitären Staaten auf traulichem Fuße, und Länder, wo Menschen für 1,50 Euro pro Tag bereitwillig schuften, um zu überleben, sind in Zeiten der Globalisierung nicht zu verachten.

Die große Mehrheit der Journalisten sieht ihre Aufgabe darin, die Gesellschaft vor den finsteren und komplexen Realitäten zu beschützen. Also besteht ihre Geschicklichkeit u. a. darin, sehr genau zu unterscheiden, wo die Politik »humanitäre« Miseren wahrzunehmen wünscht, die sie demnächst mit Raketen zu lösen gedenkt, um Schurken und Barbaren auszumerzen, und wo sich humanitäre Wahrnehmung zur Zeit nicht empfiehlt.

In diesem Sinne war Pieter Willem Botha kein Schurke, wenn man der *Tagesschau* vom 1. November 2006 folgt, die Botha staatsmännisch binnen knapp dreißig Sekunden in die Ewigkeit verabschiedet. »Der ehemalige südafrikanische Präsident Pieter Willem Botha ist tot«, liest die Sprecherin vor. »Er starb im Alter von 90 Jahren.« Dann folgt als NiF (Nachricht im Film) eine Würdigung: »Botha war von 1978 an Regierungschef und später Staatschef Südafrikas. Er war der letzte Spitzenpolitiker des Landes, der die Rassentrennung verteidigt hat.« Das ist zweifelsohne unwahr, denn noch heute gibt es in Südafrika weiße »Spitzenpolitiker«, die die Rassentrennung verteidigen, sie müssen sich bloß den neuen Verhältnissen anpassen. Und der Rassismus ist mit Botha in Südafrika gewiss auch nicht ausgestorben, wie uns die Bilder suggerieren sollen, die dem Kommentar unterlegt sind: Botha vertraulich mit Nelson Mandela auf dem Sofa plaudernd. Die Sprecherin weiter: »Sein langjähriger Widersacher Nelson Mandela fand dennoch versöhnliche Töne.« Jetzt sieht man Botha und Mandela beim Shakehands-Spiel. »Botha sei derjenige gewesen, der die ersten Schritte für ein Ende der Rassendiskriminierung eingeleitet habe.« Auf der Bildebene begeben sich Botha und Mandela jetzt einträchtig in den Garten. »Botha wird in der kommenden Woche im Familienkreis beigesetzt.« Das heißt, es gibt kein Staatsbegräbnis. Was die *Tagesschau* lieber nicht berichten möchte: Die Familie hatte das abgelehnt. Eine unbelehrbare Koryphäe des Rassismus möchte schließlich nicht von Bimbos zu Grabe getragen werden.

Wenn Nelson Mandela die menschliche Größe hat und unter dem enormen Druck der Integrationspolitik in Südafrika sich genötigt sieht, Bothas Ableben mit einer versöhnlichen Geste zu begleiten, dann erlaubt das der *Tagesschau* noch lange nicht, Mandela als eine Art Onkel Tom zu präsentieren, der dem großen weißen Mann nachtrauert. Mandela war übrigens keineswegs der »Widersacher« von Botha, sondern sein prominentester Häftling, der 27 Jahre in Gefängnissen gesessen hatte, also länger, als die gesamte Regierungszeit Bothas währte, und er ist erst 1990 unter Bothas Nachfolger F. W. de Klerk aus dem Victor-Verster-Gefängnis bei Paarl entlassen worden. Tatsächlich war Botha der erste südafrikanische »Spitzenpolitiker«, der erkennen musste, dass das grausame Apartheidregime nicht zu halten sein würde, und der dennoch mit einer Politik minimalster Zugeständnisse und brutalster Staatsgewalt versucht hat, es zu erhalten. Erst nach seiner Ablösung durch de Klerk 1989 konnte der Prozess der Aufhebung der Rassentrennung knirschend in Gang kommen.

Im Übrigen war Pieter Willem Botha kein Amateur, der sich mit ein bisschen »Rassendiskriminierung« begnügt hätte. In Südafrika ging es nach 1948 um nichts anderes als um eine systematische Apartheid, Rassentrennung, eine Biopolitik, die den Schwarzen die Menschenrechte verwehrte. Einige Bilder von Soweto und anderen Townships wären da ein wenig informativer und angemessener gewesen. Doch die entsetzliche Realität des südafrikanischen Rassismus hat in den TV-Nachrichten selten eine große Rolle gespielt, ebenso wenig die verheerenden Kriege, die Botha in Mozambique, Namibia oder Angola angezettelt und unterstützt hat – seinerseits wiederum freundlich unterstützt von den weißen Brüdern im Norden. Kriege, in denen mindestens anderthalb Millionen Menschen ihr Leben gelassen haben. Und schließlich müsste sich herumgesprochen haben, dass Bothas Südafrika zusammen mit Israel an illegalen Atomwaffenprogrammen gearbeitet hat. Nein, Mandela hat gewaltig geflunkert bei seinen letzten Bemerkungen über Botha. Er wird wissen, warum. Doch die Art und Weise, wie die *Tagesschau* hinter dieser noblen Geste einen der großen »humanitären Gangster« des 20. Jahrhunderts versteckt, erweckt schon Bewunderung für so viel ideologische Maßarbeit.

Wenige Tage später vermeldet die *Tagesschau* den Tod von Bülent Ecevit, der von 1974 bis 2002 mehrfach sozialdemokratischer Ministerpräsident der Türkei war. Diesmal nimmt sich die Sendung über anderthalb Minuten Zeit, um einen verstorbenen Politiker kritisch zu würdigen. Zweimal wird gesagt, dass es Ecevit zu verdanken sei, dass die Türkei den Status eines EU-Beitrittskandidaten erhalten habe. Anlass genug, den Nachruf als Kurzbericht über ein Land zu nutzen, das jenseits unserer zivilisatorischen Vorstellungen agiert. Die Kunst des Nachrufs findet ihr Echo in der *Tagesschau* vom folgenden Tag, wo zwei Minuten lang darüber berichtet wird, dass der bayerische Ministerpräsident Stoiber ein Ende der Verhandlungen mit der Türkei fordert.

Für die *Tagesschau* liegen Literatur, Philosophie und Reflexion normalerweise außerhalb ihres Sendegebietes. Manchmal bieten sich jedoch glückliche Ausnahmen an. Zum Beispiel wenn es um den türkischen Literaturnobelpreisträger Orhan Pamuk geht, der von den deutschen Medien im Allgemeinen und von der *Tagesschau* im Besonderen als unser Mann in Ankara gehandelt wird, da er sich kritisch mit den türkischen Realitäten auseinandergesetzt hat, speziell was den Umgang mit den ethnischen Minderheiten angeht. Hätte indes ein *Tagesschau*-Redakteur sich einmal die Mühe gemacht, die Romane Pamuks zu lesen, dann wäre die Sache nicht mehr so adrett eindeutig. Beispielsweise erzählt der Roman *Schnee* auch vom schrägen europäischen Blick auf die Türkei, er handelt von einer sehr viel komplexeren türkischen Realität, die das unerträglich schlichte Schema von ›böse Traditionalisten versus gute Modernisierer‹ bei weitem übersteigt. Genau das Schema, in das viele unserer Kommentatoren Pamuk gerne zwängen wollen.

Nun hat Orhan Pamuk am 31. Januar 2007 seine seit langem geplante Deutschlandreise abgesagt. Für die *Tagesschau* war der Fall natürlich klar: »Hintergrund sind offenkundig Drohungen gegen Pamuk nach dem Mord an Hrant Dink. Beide hatten sich in der Türkei kritisch über die Massaker an Armeniern im Ersten Weltkrieg geäußert. Allein die Erwähnung dieses Konflikts kann in der Türkei bestraft werden.« So weit die vom Sprecher verlesene Nachricht. Dann folgte ein Filmbericht: »Orhan Pamuk umringt von Sicherheitsbeamten. Seit dem Mord an seinem Freund Hrant Dink befürchtet er ein ähnliches Schicksal. Wie Dink kritisiert auch Pamuk den Umgang mit den Kurden und wirft der Türkei Völkermord an

den Armeniern während des Ersten Weltkriegs vor. Reisen sind dem Autor jetzt zu riskant. In Deutschland reagiert man auf die Absage bestimmt und fordert: [Es folgt ein Statement von Volker Beck von den Grünen] ›Die türkische Regierung muss sich jetzt um ein anderes innenpolitisches Klima in der Türkei kümmern, und dabei spielt die Streichung des Strafparagraphen über die Beleidigung des Türkentums eine zentrale Rolle. Das ist eine Strafbestimmung, die ist eines‹ – und hier gerät Beck leicht ins Stottern – ›europäischen Staats nicht würdig.‹«
Die *Tagesschau* sollte Volker Beck vielleicht mal höflich an den § 90 a des Strafgesetzbuches erinnern, in dem es um die Verunglimpfung des Staates und seiner Symbole geht. Gefängnis bis zu drei Jahren, in besonderen Fällen bis zu fünf Jahren droht da dem, »wer öffentlich in einer Versammlung oder durch Verbreiten von Schriften 1) die Bundesrepublik Deutschland oder eines ihrer Länder oder ihre verfassungsmäßige Ordnung beschimpft oder böswillig verächtlich macht; 2) die Farbe, die Flagge, das Wappen oder die Hymne der Bundesrepublik Deutschland oder eines ihrer Länder verunglimpft«.

Pamuk hat Angst vor den türkischen Nationalisten. Das mag sein. Gesagt hat er es aber nicht. Warum aber sollte er vor türkischen Nationalisten in Deutschland mehr Angst haben als in der Türkei? Tatsache ist, dass Pamuk seine Reise ohne Angabe von Gründen verschoben hat. Das hätte einen aufmerksamen Journalisten stutzig machen müssen. Für die *Tagesschau* heißt das aber bloß, dass sie die Gründe jetzt selbst erfindet. Pamuk liefert einen ausgezeichneten Vorwand, das Lieblingsspiel der EU-Staaten im Umgang mit der Türkei zu spielen. An der Frage der Anerkennung des Völkermords an Armeniern soll sich die zivilisatorische Qualität der Türkei entscheiden. Man stelle sich das einmal umgekehrt vor: Die Türkei könnte Deutschland nur dann moralisch ernst nehmen, wenn sich Deutschland zum ersten furchtbaren Völkermord im 20. Jahrhundert bekennt, dem bestialischen Massaker der kaiserlichen

Truppen an 100.000 Hereros und Hottentotten in Deutsch-Südwestafrika im Jahr 1904. Anlässlich des 100. Jahrestags der Ereignisse bekundeten offizielle Stellen kürzlich, es gebe keinen Grund zur Staatstrauer. Und wie wäre es, wenn man den Franzosen aufgäbe, Folter und Ermordung von hunderttausend Algeriern endlich ins Nationalbewusstsein zu heben? Stattdessen gibt es in Frankreich eine Verordnung, den Kolonialismus in den Schulen als zivilisatorische Leistung zu lehren. Fast schon komisch wäre schließlich die Forderung, dass die Deutschen sich doch erst mal zu ihrem Anteil am Völkermord an den Armeniern bekennen sollten.[6]

Für die EU ist die Frage des Völkermordes an den Armeniern ein reines außenpolitisches Druckmittel. Und es ist nur wahrscheinlich, dass Orhan Pamuk keine Lust mehr hatte, von den deutschen Medien als Europapolitiker instrumentalisiert zu werden. So stellt es in der *Stuttgarter Zeitung* auch Sibylle Thelen dar, die im Gegensatz zu den meisten anderen Berichterstattern die Türkei, türkische Literatur und Pamuk kennt: »Das sind die gefährlichen Momente eines sogenannten Brückenbauers, nämlich jene, in denen es gar nicht mehr darum geht, was der Brückenbauer gesagt hat, sondern vielmehr darum, was sich mit seinen Aussagen anstellen lässt: Die einen zimmern daraus eine bösartige Anklageschrift zurecht. Und die anderen, die auf eine derartige Reaktion nur gewartet haben, schwelgen in ritualisierter Empörungsrhetorik über die schlimme nationalistische Türkei.«[7] Für die wiederum Volker Beck in der *Tagesschau* das geradezu idealtypische Beispiel liefert. Es sieht also ganz danach aus, als befinde sich Orhan

---

6 Darüber hatte Georg Brandes schon 1903 Erstaunliches öffentlich mitgeteilt: Georg Brandes, *Der Wahrheitshass. Über Deutschland und Europa 1880–1920*, hrsg. von Hanns Grössel, Berlin 2007.
7 Sibylle Thelen, »Das Mutige an richtiger Stelle. Anmerkungen zu Orhan Pamuks Absage«, *Stuttgarter Zeitung*, 1. Februar 2007.

Pamuk weniger auf der Flucht vor türkischen Nationalisten als vielmehr vor der Berichterstattung, die die *Tagesschau* beispielhaft intoniert.[8]

Man stelle sich vor, die Kritik eines deutschen Schriftstellers an seiner Gesellschaft würde begeistert von Wladimir Putin und seiner Presse gefeiert und Teil der russischen Außenpolitik werden. Man muss sich das genau vor Augen halten: Die *Tagesschau* irrt sich nicht bloß, sondern sie erfindet Informationen, damit Vorgänge in ein bestimmtes bereitliegendes politisches Deutungsschema passen. Und so gesehen macht es dann Sinn, dass Pamuk seine Absage nicht öffentlich begründet. Wahrscheinlich hat er das Vertrauen in eine korrekte Berichterstattung einfach aufgegeben.

Wenige Tage später befindet sich Pamuk dann endlich auf der Flucht ins Ausland, zumindest in der Wahrnehmung des NDR-*Kulturjournals* vom 5. Februar 2007. Da entdeckt ihn ein Filmteam auf dem Flughafen von Istanbul »getarnt mit einer Baseballkappe«. Ob man sich mit einer Baseballkappe tarnen kann – über das Maß an geradezu zwangsläufiger Entstellung durch dieses Bekleidungsstück hinaus –, dürfen wir bezweifeln, und ebenso, ob es sehr klug wäre für einen als Modernisierer in der Türkei angeblich gehassten Schriftsteller, sich ausgerechnet mit einer Baseballkappe zu tarnen. Die Reporterin hat einen Schriftsteller, der weiterhin – jetzt ohne Kappe – jede Auskunft verweigert, bei der Flucht ins sichere Amerika erwischt. »Keiner weiß, wann und ob er wiederkommt.« Das ist Wort für Wort erfunden. In Wahrheit sieht es eher so aus, als befände sich Orhan Pamuk auf der Flucht vor seinen falschen Freunden.

---

8 Am 30. April 2007 erschien im *Spiegel* (Nr. 18/2007) ein ausführliches Interview mit Orhan Pamuk unter der bezeichnenden Überschrift »Mich treibt niemand ins Exil«, in dem sich Punkt für Punkt die Vermutungen von Sibylle Thelen bestätigen.

Welche Schlüsse soll man aus diesen Beispielen ziehen? Entweder haben wir es mit mehr oder weniger zufälligen journalistischen Fehlleistungen zu tun, oder aber wir müssen uns von der hehren Phantasie befreien, die die öffentlich-rechtlichen Informationsarbeiter gerne über sich verbreiten. Derzufolge bieten sie nämlich einen möglichst objektiven und aufklärenden Informationsservice an. Es ist jedoch relativ leicht nachweisbar, dass die vielgerühmten öffentlich-rechtlichen Fernsehnachrichten alles andere als »objektiv« berichten und dabei sorglos sämtliche journalistischen Standards unterlaufen, auf die sie sich so gerne berufen. Dabei wird allerdings keineswegs nur Informationsmüll produziert, dahinter steckt noch eine ganz andere Logik, wie wir später sehen werden.

Es geht mir um eine gleichermaßen prinzipielle wie konkrete Beschreibung dieser Medienrealität. Also einerseits: Woraus besteht sie, wie funktioniert sie, wie sieht die Architektur dieser Medienrealität aus? Und dann konkret: Was heißt das beispielsweise für die Darstellung der Sozialpolitik, des Atomkonflikts um den Iran oder bei der Beschreibung von Globalisierung? Ich habe dazu Hunderte solcher Sendungen – von *Tagesschau* über *Tagesthemen* bis *heute-journal* – genauer betrachtet, ein paar Tage in der *ARD-aktuell*-Redaktion in Hamburg beim Verfertigen diverser Nachrichtensendungen zugeschaut und mit einigen der Verantwortlichen Gespräche geführt. Ich habe unsere täglichen Tagesshows mit exakt den Mitteln journalistisch beobachtet, auf die sich die Macher ausdrücklich beziehen.[9] Es war nicht sonderlich kompliziert, die Mängel der täglichen Nachrichtensendungen aufzuzeigen,

---

9 Um allerdings den Korpus meiner Analyse nicht allzu unübersichtlich werden zu lassen, beziehe ich mich in meinen Beschreibungen hauptsächlich auf die *Tagesschau* und die *Tagesthemen*. In den vergleichbaren Sendungen des ZDF ließe sich Nämliches, wenn nicht Schlimmeres nachweisen.

es ist etwas schwieriger, die Motive der Macher und die Macht der Medienapparate zu beschreiben.

Wenn man sich eine Weile auf diese Weise mit dem Stoff auseinandergesetzt hat, wird ein anderer Gesichtspunkt immer offensichtlicher: Was ist das eigentlich für eine Mediengesellschaft, die sich Abend für Abend millionenfach vor *Tagesschau* oder *heute-journal* niederlässt, ohne sich vor Lachen auf die Schenkel zu schlagen oder umgekehrt Fluchtgedanken zu hegen? Wie ist es möglich, dass in einer hochqualifizierten »Wissens«-Gesellschaft nicht regelmäßig der ganz normale Sachverstand beim Betrachten der *Tagesschau* rebelliert? In einer Gesellschaft, die sich grandiose Kämpfe um die Orthographiereform geliefert hat, müssten doch reihenweise die philologischen Löwenherzen randalieren und sich in den Nachrichtensendungen einen von Guido Westerwelle oder George Bush geprägten Gebrauch des Wortes »Freiheit« verbitten – nicht wegen der politischen Differenz, sondern mit kühlem semantischem Verstand. Und muss man eigentlich studiert haben, um zu erkennen, dass ein beharrlich »Zaun« genanntes Gebilde in Wahrheit eine acht Meter hohe Betonmauer ist, hinter der Israel Palästinenser gefangen hält?

Wenn man eine Medienrealität beschreiben will, kommt man nicht umhin, die rituellen Kommunikationen dieser Mediengesellschaft genauer zu untersuchen. Dazu gehört auch, dass sie kaum durch professionelle Medienkritik gestört werden. Es zählt zu den verblüffenden Merkmalen einer vom TV geprägten Mediengesellschaft, dass sie ihr Leitmedium selten kritisch analysiert.[10] Es genügt, das Ausmaß der Literaturbesprechungen in den bürgerlichen Zeitungen mit den Bespre-

---

10 Es gibt natürlich jede Menge Pauschalverdammungen der Teufelsmaschine »Fernseher«, aber dass eine Ausgabe der *Tagesschau* in der Tagespresse kritisch kommentiert würde, dafür gibt es kaum ein Beispiel.

chungen der täglichen Fernsehproduktion zu vergleichen. Auf den Mangel an Selbstreflexion weist geradezu schlagend ein Text des renommierten Theaterkritikers Benjamin Henrichs hin, der mit unvergleichlicher Onkelhaftigkeit die *Tagesschau* feiert: »Es regiert die Nachricht, noch nicht deren Inszenierung. Der Preis dafür ist eine gewisse effiziente Biederkeit. Der *heute*-Sendung entkommen, möchte man allerdings eher dankbar von Nüchternheit reden. Tausend muntere Innovationen wären vorstellbar – nicht auszudenken, was eine jugendfrische Reformwerkstatt aus der *Tagesschau* alles herauszaubern könnte! Doch manchmal ist das Beste, was geschieht, dass nichts geschieht. Denn die *Tagesschau* ist der Klassiker des Genres. (...) Doch wenn ein Klassiker solchen ja nicht unbegreiflichen Attacken lange genug standhält, dann ist er, ohne sich sehr verändern zu müssen, auf einmal nicht mehr Nachzügler, sondern schon wieder Avantgarde. Dann sieht der Zeuge aus der Vergangenheit plötzlich wie ein Reiseleiter in die Zukunft aus. Wenn man also heute unbedingt über eine Nachrichtensendung von morgen nachdenken will, dann sollte man zuvor erst einmal die gute uralte *Tagesschau* mit Eifer studieren. Wie konzentriert sie ist und wie schnörkellos. Wie faktenreich und wie phrasenarm. Wie resistent gegen Kitsch, Gemüt und saure Späße, sogar im Karneval! Das ist keine tolle Nachrichtenküche, in der es immerzu dampft und duftet. Bloß ein Handwerksbetrieb, der seine Kundschaft nicht betrügt.«[11]

Ungefähr so faktenreich und phrasenarm wie Henrichs' Kommentar. Man hat den Eindruck, Henrichs würdigt die Reklame der *Rügenwalder Teewurst*, in der zartbehütete Maiden von Hand die Wurst in den Rauch hängen, als Dokumentarfilm. Wir wollen mal hoffen, dass Henrichs die »gute uralte

---

11 Benjamin Henrichs, »Harte Zeiten, weiche Zeiten. Das Rohe und das Gekochte: Eine Winterreise durch die Nachrichtensendungen des deutschen Fernsehens«, *Süddeutsche Zeitung*, 3. Februar 2001.

Tagesschau« nicht mit Eifer studiert hat, sondern nur dem Eifer seines Parlandos anheimgefallen ist. Doch was lehrt uns die Einschätzung eines hochgeschätzten Theaterkritikers, der nach vierzig Jahren Theatergängerei auf das schlichteste aller Kostüme reinfällt, den grauen Anzug und das Biedermanngetue? Einerseits, dass deutsche Intellektuelle sich mit Verve in den lausigsten Konformismus stürzen, andererseits, dass die Aura der *Tagesschau* noch die bescheidenste Reflexion verbietet. Gott oder den Kapitalismus elegant rhetorisch zu schmähen hätte für unseren Theaterkritiker dagegen bloß eine beiläufige Fingerübung bedeutet.

Man muss nur einmal nachlesen, in welche Deutungstiefen unsere Medienkritiker hinabgestiegen sind, als bei der *Tagesschau* der Bluescreen und die digitale Blaustichigkeit der Sendung eingeführt wurden. Über das tägliche Informationsdesaster findet sich nur in außerordentlich exzentrischen Kreisen gelegentlich ein Stirnrunzeln.

Auf vielen Regalmetern haben Medientheoretiker und Kommunikationswissenschaftler über Fernsehnachrichten nachgedacht. Doch die Frage, was man da eigentlich zu sehen bekommt, ist unseren Experten doch wohl etwas zu unwissenschaftlich. Das schwerste inhaltliche Problem scheint für professionelle Medienbeobachter die sogenannte Boulevardisierung zu sein. Und schwere Sorgen erregen aufwendige Untersuchungen, die angeblich belegen, dass im öffentlich-rechtlichen Fernsehen ein halbes Prozent mehr Buntes gemessen werden konnte. Diese Sorte Kritiker ähnelt Garderobieren, die einen riesigen Fundus an grauen Anzügen penibel verwalten. Beim *RTL-Nachtjournal* lässt sich hingegen gelegentlich beobachten, wie ein »boulevardesker« Beitrag gewisse Probleme sehr viel präziser auf den Punkt bringt, und das ohne staatstragende Rhetorik und ohne die abgeschmackteste Platitude aus Politikermund zum hundertsten Male zu reproduzieren. Das ist kein Plädoyer für den RTL-Stil, sondern dient nur der

Infragestellung wenig fundierter Geschmackskategorien als Maßstäbe für Pseudokritik an den Massenmedien.

Es sieht so aus, als konkurriere man zwar mit allen Mitteln, ohne sich indes über die Substanz zu streiten. Gelegentliche Kritik an der bête noire der Branche, der *Bild*-Zeitung, genügt als Distinktionsarbeit. Vielleicht hängt es bei den privaten Medien damit zusammen, dass sie sämtlich wirtschaftlichem Gewinn und dementsprechend auch dem herrschenden politischen Konsens über die Wirtschaft verpflichtet sind, über den sie dann natürlich nicht so »objektiv« berichten können, wie sie sollten. Bei den öffentlich-rechtlichen Sendern ist kaum mehr zweifelhaft, in welchem Maße sie von der Politik kontrolliert werden. Das erklärt vielleicht auch, warum Medienthemen in den öffentlich-rechtlichen Anstalten höchstinstanzlich genehmigungspflichtig sind. Die Spielräume des Pluralen schwinden zusehends. Die »offene Gesellschaft« kennt fast keine Differenzen mehr, an denen sie ihre Offenheit beweisen müsste.

In gewisser Hinsicht hat Helmut Thoma, der ehemalige RTL-Chef, nicht unrecht, wenn er sagt, die *Tagesschau* könne man auch auf Latein verlesen.[12] Vielleicht ist das Betrachten der *Tagesschau* die säkulare gesellschaftliche Zeremonie unserer Tage schlechthin. Das kann nur deshalb so reibungslos funktionieren, weil die *Tagesschau* selbst vor allem nichts anderes als eine Aneinanderreihung von Riten und Mythen produziert, das einschläfernde Metrum des Pseudorealen, sozusagen die *Lindenstraße* in der Endlosschleife. »Das Hinsetzen der Männer an den Verhandlungstisch, das ist wie das Rutenschneiden der Bauern auf dem Felde in der antiken Vasenmalerei – Ewiges, Außerzeitliches, In-sich-Stehendes, ohne Verweis, ohne über sich hinausweisende Geste, immer aktuell

---

12 Helmut Thoma im Gespräch, *Frankfurter Rundschau*, 27. Oktober 1997.

und niemals wirklich Gegenwart«,[13] so beschreibt Roger Willemsen den spezifischen Realismus der Fernsehnachrichten. Niemals werden die Tagesshows ihre Zuschauer überraschen können, und nichts wollen sie weniger, denn sie verwandeln noch das grausamste und absurdeste Ereignis in Routine, begraben es im Lauf der Dinge und verheizen es in den Zusammenhängen der gerade aktuellen Tagespolitik.

Pausenlos rühmen die Verantwortlichen die hohe Einschaltquote der *Tagesschau*. Durchschnittlich sitzen täglich über zehn Millionen Menschen vor der 20-Uhr-Ausgabe.[14] Unbelehrbar verwechseln die Macher Einschaltquote mit journalistischer Qualität. Und um der Peinlichkeit zu entgehen, Qualitätsmaßstäbe zu definieren, werden Jahr für Jahr im Auftrag der öffentlich-rechtlichen Sender aufwendige Untersuchungen, sogenanntes Monitoring, in Auftrag gegeben, die belegen sollen, wie fabelhaft der öffentlich-rechtliche Auftrag von den Nachrichtensendungen erfüllt wird. Die Erhebungen messen stets, dass die Zuschauer vor allem der *Tagesschau* fast völlig vertrauen, an zweiter Stelle dann den Kollegen vom ZDF, und erst abgeschlagen erscheint die private Konkurrenz. Jahr für Jahr ergeben komplizierte Messungen, dass die *Tagesschau* regelmäßig einen Politikanteil von über 50 Prozent aufweist, wenig Boulevard, wenig Sport, kaum Sensationen. Selbstverständlich wird dabei beispielsweise die Dauerverfilmung vom politischen Sterben des Edmund Stoiber im Januar 2007 als politische Berichterstattung, Abteilung Innenpolitik, erfasst. Ebenso wie Frau Merkels und Herrn Müntefering täglich aufs

---

13 Roger Willemsen, »Als das Fernsehen erblindete. Über ein Medium, das Öffentlichkeit herstellt, indem es Wirklichkeit verliert«. In: G. Grass, D. Dahn, J. Strasser (Hrsg.), *In einem reichen Lande. Zeugnisse alltäglichen Leidens an der Gesellschaft*, Göttingen 2002, S. 167–178, hier: S. 176.
14 Wobei etwas mehr als 6 Millionen Zuschauer die *Tagesschau* im ersten Programm verfolgen, die restlichen vier Millionen sehen die zeitgleiche Ausstrahlung in den dritten Programmen und auf Phoenix.

Neue hochbrisante Bekundungen, Deutschland irgendwie nach vorne bringen zu wollen, zweifelsohne unter politische Informationen verbucht werden.

Es gibt verschiedene Untersuchungen,[15] die festgestellt haben, dass der überwiegende Teil der Zuschauer die Tagesshows gar nicht versteht. Das leuchtet auf Anhieb ein, denn tatsächlich gibt es bei den Fernsehnachrichten wenig zu verstehen. Sie beherrschen vor allem die Kunst, binnen 15 Minuten die Welt mit feiner Unbegreiflichkeit zu verhüllen.

Auf der anderen Seite muss man sich hüten, im Sinne von Dieter Thoma die Nachrichtensendungen als reinen Informations-Trash zu betrachten, der keine Rolle spielt. Niemand, der ein paar hundert Berichte über die jeweilige Situation im Irak gesehen hat, wird behaupten können, er hätte annähernd verstanden, was da wirklich passiert, aber er wird eben auch nicht behaupten können, es nicht gewusst zu haben. Ausgabe für Ausgabe überredet uns die *Tagesschau*, den Irak-Krieg der Amerikaner als eine heikle, ja sogar umstrittene militärische Operation zu betrachten. Dies wird uns wieder und wieder als der Konsens der meinungsführenden Kreise verkauft. Nichts zwingt uns, diese Sicht zu teilen. Die *Tagesschau* bietet gelegentlich sogar Bilder und Nebensätze, die den bescheidenen Radius dieses Konsenses überschreiten. Das heißt, nur wenn der Zuschauer seiner eigenen Wahrnehmung vertraut, wenn er sich über die angebotene Gesinnungsperspektive hinwegsetzt, kurz, wenn er der *Tagesschau* gründlich misstraut und kritisch gegenrecherchiert, nur dann hat er die Chance, beim täglichen Informationshochamt nicht verführt zu werden. Andernfalls wird er sich stets und von jedem die Frage gefallen lassen müssen, wie er in den Tagesshows die Bilder eines barbarischen Krieges ertragen hat, ohne dagegen zu protestieren.

---

15 Etwa: G. Ruhrmann, J. Woelke, M. Maier, N. Diehlmann, *Der Wert von Nachrichten im deutschen Fernsehen*, Opladen 2003.

Willibald Hilf hat in seiner Zeit als Intendant des Südwestfunks und Vorsitzender der ARD einmal von einem »Integrationsrundfunk« geschwärmt, und Kollege Räuker vom NDR hat das Medium Fernsehen als »optimalen Konsensverstärker« gefeiert.[16] Beides ist wahr und trifft sich glänzend mit den allerdings kritisch gemeinten Analysen von Noam Chomsky[17] über die Funktion der Informationsmedien als Instrument der politischen Konsensbeschaffung. Die ideologischen Wachhunde haben Chomskys Untersuchungen als Verschwörungstheorien und als »unterkomplexe« Medientheorie gebrandmarkt. Leider haben sie dabei versäumt mitzuteilen, warum man in Sequenzen systematischer Desinformation keine Momente von »Verschwörung« entdecken darf, und schließlich sind sie die Beschreibung komplexer massenmedialer Kommunikation schuldig geblieben. Die analytische Komplexität besteht heute m. E. darin, zu zeigen, wie in einer Gesellschaft, die keinerlei Verständnis mehr von ihrer Gesellschaftlichkeit hat, die Tagesshows als kollektive politische Sozialisationsinstanzen funktionieren, und zwar mit Hilfe aller Beteiligten – also auch der Zuschauer und der schweigenden kritischen Experten.[18]

---

16 Beide zit. n. Jürgen Bertram, *Mattscheibe. Das Ende der Fernsehkultur*, Frankfurt a. M. 2006, S. 95.
17 Zuletzt: Noam Chomsky, *Media Control. Wie die Medien uns manipulieren*, München 2006.
18 Es ist interessant zu verfolgen, welchen hohen Wert die bekannteste und angeblich anspruchsvollste Medientheorie unserer Tage darauf legt, »Massenmedien« aus der Schusslinie der Kritik zu bringen. Ausdrücklich schreibt Niklas Luhmann in *Die Realität der Massenmedien* (Opladen 1996, 2. erw. Aufl.): »Man kann die ›Realität der Massenmedien‹ deshalb nicht begreifen, wenn man ihre Aufgabe in der Bereitstellung zutreffender Informationen über die Welt sieht und darin ihr Versagen, ihre Realitätsverzerrung, ihre Massenmanipulation misst – so als ob es anders sein könnte.« (S. 174) Die gesellschaftliche Funktion von Massenmedien liegt für Luhmann stattdessen in Folgendem: »Ihre Präferenz für Information (...)

macht deutlich, dass die Funktion der Massenmedien in der ständigen Erzeugung und Bearbeitung von Irritation besteht – und weder in der Vermehrung von Erkenntnis noch in einer Sozialisation oder Erziehung in Richtung auf Konformität mit Normen. Als faktischer Effekt dieser zirkulären Dauertätigkeit des Erzeugens und Interpretierens von Irritation durch zeitgebundene Informationen (also als Unterschied, der einen Unterschied macht) entstehen die Welt- und Gesellschaftsbeschreibungen, an denen sich die moderne Gesellschaft innerhalb und außerhalb des Systems ihrer Massenmedien orientiert.« (ebenda) Das ist einerseits eine außerordentlich triviale und ungenaue Beschreibung der Realität, die Massenmedien angeblich irgendwie entstehen lassen, andererseits ist nicht einzusehen, warum Kritik nicht Teil, sogar wesentlicher Teil der massenmedialen Kommunikation sein soll. Der Blödsinn, den Massenmedien erzählen können, ist nicht deshalb schützenswert, weil Massenmedien eine soziale Funktion haben. Luhmann behauptet lieber, der Manipulationsverdacht gegen Massenmedien sei Teil des Spiels und als solcher nicht hintergehbar. Die Frage, wie und warum ein auf Wahrheit festgelegtes Medium wie die *Tagesschau* systematisch und systemisch Halbwahrheiten produziert, darf es nach Luhmann gar nicht geben. Andererseits: Wenn man liest, wie Luhmann die »realen« Operationen des Programmbereichs »Nachricht/Bericht« – als Unterabteilung des sozialen Systems Massenmedien – beschreibt, dann begreift man schnell, dass der Soziologe sich auf Unterlagen aus einem Grundkurs für Journalisten stützt und diese dann mit systemtheoretischem Jargon »hochtoupiert«. Mit der realen Produkion etwa der *Tagesschau* hat das nichts zu tun. Insofern wiederholt Luhmann allenfalls den Widerspruch zwischen der Selbstbeschreibung von Tagesshow-Machern und ihren Produkten – diesen Widerspuch werden wir im Folgenden noch genauer kennenlernen. Das Interessanteste an Luhmanns Theorie ist die Konstruktion der Denkverbote. Es sind die Denkverbote unserer Zeit. Die Zeit dieser Denkverbote geht allmählich zu Ende. Der Theoriebedarf bleibt.

> »Das Fernsehen ist die tote Großmutter, die grausame Geschichten erzählt.«
> HEINER MÜLLER

6. Dezember 2006

Alarm. – Anfang Dezember 2006 spielen zwei Schüler in Rheinland-Pfalz virtuellen Totschlag am Computer. Das Spiel heißt *Counter-Strike* und soll seit zwei Wochen schuld an so ziemlich allem sein. Im November hatte im westfälischen Emsdetten ein schwer neurotischer Junge schwerbewaffnet seine Schule gestürmt, dabei 37 Menschen verletzt und am Ende sich selbst erschossen. Der Schüler aus Emsdetten war ein bekennender Fan von *Counter-Strike*, eines unter vielen Dutzenden von Spielen, in denen es darum geht, am Computer – auch online – möglichst viele Gegner abzuballern. So grausam solche Spiele sein mögen und so hässlich der Wahn, den sie fördern, so obszön sind die Reaktionen des politisch-medialen Komplexes. Die öffentlichen Bekundungen von Wut und Trauer pflegen bis zu 36 Stunden anzuhalten. In der Zeit muss auch der Schuldige gefunden werden. Früher musste der Fernseher herhalten, und falls der Amok auf dem Gebiet der ehemaligen DDR stattfand, kamen auch SED und Kommunismus in Frage.

Jetzt also *Counter-Strike*: viele Fliegen mit einer Klappe. Die Gesellschaft amüsiert sich am Katastrophischen – »Das ›Geile‹ am Schrecken einer Katastrophe ist das hemmungslose Durcheinander aller privaten und öffentlichen Gefühle«, schreibt Georg Seeßlen.[19] Die Katastrophe funktioniert als eine

---

[19] Georg Seeßlen, *Krieg der Bilder – Bilder des Krieges. Abhandlung über die Katastrophe und die mediale Wirklichkeit*, Berlin 2002, S. 38.

Art Ekstase des Realen, sie lässt uns ein Leben spüren, das wir auf einmal mit aller Macht wieder retten wollen. Wir können nach Sicherheit lechzen, der großen Fürsorge und Berührung durch das sonst eher unwirklich entrückte Gesellschaftskollektiv. Und solange Internetspiele verantwortlich sein sollen, muss niemand darüber Rechenschaft ablegen, dass diese Gesellschaft von Kopf bis Fuß, vom einsam den Gesellschaftsdschungel durchstreifenden neoliberalen »Individuum« bis zu ihren »humanitären« Angriffskriegen, auf Gewalt gepolt ist.[20]

Am 5. Dezember hatte Günther Beckstein in seiner Eigenschaft als bayerischer Innenminister mal wieder die Chance wahrgenommen, sich im Fernsehen als Bodyguard der Nation darzustellen. In den *Tagesthemen* erklärte er Anne Will im Interview, dass er Spiele wie *Counter-Strike* als gewaltverherrlichend verbieten lassen wolle. Ziemlich sicher wusste Beckstein, dass das weder juristisch durchsetzbar wäre, noch dass sich durch ein Verbot solcher Spiele das Spielen solcher Spiele verhindern ließe. Aber so genau wollte Anne Will es nicht wissen. Und Günther Beckstein eigentlich auch nicht. Seitdem dümpelt die Verbotsinitiative immer mal wieder durch die Medien.

Es lastet noch ein vages Echo der *Counter-Strike*-Hysterie auf dem ganzen Land und wahrscheinlich auch auf den Köpfen jener beiden Schüler, die im Internet virtuelles Killen spielen und sich ziemlich erschrecken, als im angeschlossenen Chat ein Mitspieler für den Nikolaustag, den kommenden Mittwoch, einen Amoklauf auf seine Schule irgendwo in Baden-Württemberg ankündigt. Doch erst am nächsten Tag informieren sie ihre Lehrer darüber, die Schulleitung verstän-

---

20 Vgl. Tom Holert/Mark Terkessidis, *Entsichert. Krieg als Massenkultur im 21. Jahrhundert*, Köln 2002.

digt die Polizei. »Die nehmen die Drohung sehr ernst«, behauptet Günter Loos vom baden-württembergischen Innenministerium.[21] Doch es geschieht zunächst nicht viel.

Die Sache wird erst richtig heiß, als am Dienstagabend ein Schüler als vermisst gemeldet wird: Johannes F. Dieser hat seinem Vater eine Walter P 38 gestohlen, eine funktionstüchtige Pistole seines Großvaters aus dem letzten Krieg, was – nebenbei gesagt – auf eine ganz andere Gewaltfährte führt, die hier aber beim Fortgang der Ereignisse und im Auge ihrer Betrachter offensichtlich keine Rolle spielt. Der Junge habe auch »gewalthaltige« Computerspiele gespielt und in letzter Zeit den Eindruck erweckt, sich etwas antun zu wollen, soll der Vater zu Protokoll gegeben haben. Das veröffentlichte Foto zeigt einen ganz normalen, eher still wirkenden Jungen, doch unter den obwaltenden Umständen wird daraus rasch ein Fahndungsfoto. Johannes F. gilt obendrein als »introvertiert«, was natürlich verdächtig ist. »Noch können wir nicht sagen, ob er eine Ankündigung ins Internet gestellt hat. Aber aufgrund der Killerspiele passt er in unser Raster«, behauptet die Polizei laut *Bild* – noch so eine Instanz der Inneren Sicherheit. Und folglich beginnt eine Großfahndung nach Johannes F. Einem Freund hatte er am Abend eine SMS geschickt: »Gehe morgen nicht zur Schule. Es geht mir dreckig.« Mit einem Male kümmern sich ein paar Hundertschaften Polizei um den traurigen Jungen.

Nachdem der Kultusminister von Baden-Württemberg am Dienstagnachmittag sämtliche Schulen des Landes per E-Mail von dem angekündigten Amoklauf unterrichtet hatte, findet der Unterricht am Technischen Gymnasium in Offenburg am Mittwoch mit Hilfe eines großen Polizeiaufgebots statt, das wiederum um ein mindestens ebenso großes Aufgebot von

---

[21] Zit. n. Wenke Husmann, »Grausiges Ende«, *DIE ZEIT-online*, 2006/49.

Journalisten verstärkt wird. In der nahe gelegenen Grund- und Hauptschule in Neuried-Ichenheim, die Johannes F. früher besucht hat, sieht es ähnlich aus.

Das ist der Moment, in dem die öffentlich-rechtlichen Medien endlich auch voll einsteigen können. »Am Dienstag«, sagt ein leitender Redakteur von *ARD-aktuell* am Mittwoch, »am Dienstag waren wir eigentlich noch zu fair.« Fair zu wem?

Zu diesem Zeitpunkt ist Johannes F. längst tot. Er hat sich in der Nacht mit der P 38 seines Großvaters in einem Wald in der Nähe seines Elternhauses erschossen. Auf seinem Computer findet man später keine Killerspiele. Er hat auch nie einen Amoklauf angekündigt. Was ihn so verzweifelt gemacht hat, weiß man nicht. Es fragt auch keiner mehr danach. Dennoch wird »seine« Geschichte am 6. Dezember zu einem echten Knüller bei *ARD-aktuell* in Hamburg, ein Superthema, eine echte Konkurrenz für den Auftritt der Baker-Kommission in Washington und die gesammelten Platituden des Wendelin Wiedeking, seines Zeichens Vorstandsvorsitzender von Porsche.

Nachrichtenarbeiter. – Es ist vermutlich der Flug DI 7183 von Hamburg nach München, der über den Köpfen der Redakteure von *ARD-aktuell* brummt, wenn sich um acht Uhr die erste Schicht ans Werk macht und die Nachtwache ablöst. Das Geräusch der Flugzeuge über dem NDR-Gelände in Hamburg-Lokstedt ist fast der einzige unmittelbare sinnliche Kontakt mit der Außenwelt in dieser Nachrichten-Festung. Die Weltwahrnehmung folgt hier entschlossen den geschützten medialen Pfaden: Online, Zeitungen, Dutzende permanent bilderbildende Fernseher. Journalisten beobachten nicht die Welt, sondern fast ausschließlich andere Medien.

Gebäude 18 auf dem NDR-Betriebsgelände beherbergt *ARD-aktuell*. Insgesamt 230 Menschen arbeiten für *ARD-aktuell*, darunter 90 Redakteure. Eine Kopfredaktion, an die die Nachrichtenredaktionen von neun Landesrundfunkanstalten und das Hauptstadtstudio Berlin angeschlossen sind sowie ungefähr vierzig Auslandskorrespondenten in der ganzen Welt. Die größte Nachrichtenkompositionsabteilung in der Bundesrepublik stellt eine Reihe von Sendungen zusammen: neben den verschiedenen Ausgaben der *Tagesschau*, den *Tagesthemen*, dem *Nachtmagazin* und dem *Wochenspiegel* auch im Zweiwochenrhythmus das *Morgenmagazin* (alternierend mit dem ZDF). Dazu kommen täglich mehrere Stunden Programm für die digitale Experimentierstrecke, etwa auf *Eins extra* oder *Eins plus*.

Es ist auffällig still, es geht gediegen zu. Kein Hauch irgendeiner News-Aufregung. Ein gigantischer Apparat, der brummt und der so lange brummt, wie ihn die redaktionellen Heizer mit Material versorgen. *ARD-aktuell* belegt zwei der vier Etagen von Haus 18, das sich um einen mild begrünten Innenhof erhebt. Im Erdgeschoss befinden sich drei Newsrooms, in denen die verschiedenen Redaktionen an verschiedenen Produkten von *ARD-aktuell* arbeiten. Großraumbüros, die sich äußerlich allenfalls durch die pausenlos stumm laufenden TV-Apparate von den Sachbearbeiterbüros der Versicherungskonzerne unterscheiden. Bei näherem Betrachten entdeckt man, dass viele Schreibtische als digitale Schnittplätze fungieren, damit Redakteure angeliefertes Film- und Tonmaterial selbst bearbeiten können.

Im Erdgeschoss liegt auch das ununterbrochen unter Dampf gehaltene Sendestudio von *ARD-aktuell*, um jederzeit auf Sendung gehen zu können. In der ersten Etage befinden sich die große Graphikabteilung, technische Dienste und das intellektuelle Zentrum von *ARD-aktuell*: der große Konferenzraum.

Bunsenbrenner oder Washington? Große Planungskonferenz. – Allmorgendlich um 10.30 Uhr beginnt die erste große Themenkonferenz. Es strömen zusammen die leitenden Damen und Herren von der Text- und der Filmredaktion, wiederum in In- und Ausland gesplittet. Je nach Tagesbedarf Chefs vom Dienst für *Tagesschau*, *Tagesthemen* und *Nachtmagazin*. Sprecher, Sport, Graphik. So an die zwanzig Nachrichtenarbeiter bilden ein lückenloses Kollektiv.

Präsidieren müsste der Runde eigentlich der Chefredakteur von *ARD-aktuell*, Kai Gniffke, doch er ist heute Morgen verhindert, ebenso wie sein Stellvertreter Thomas Hinrichs, also leitet der Chef vom Dienst (CvD) die Gesamtkoordination. Es geht um eine erste, doch entscheidende Vorauswahl, welche Themen an diesem Tage in den diversen Sendungen von *Tagesschau* bis *Nachtmagazin* wie vorkommen sollen. In den meisten Fällen handelt es sich um seit geraumer Zeit angekündigte Pressetermine.

Die Vertreterin der Innenpolitik macht ihre Vorschläge: »Eindeutig kommen wir heute nicht an dem ALG-I-Vorstoß des DGB vorbei. Dann zieht Schäuble heute Morgen eine Bilanz der Fußballweltmeisterschaft in Deutschland. Das Forum demographischer Wandel – da spricht Köhler. Frank Jahn macht uns ein Stück für die Zwei [*Tagesschau* um 14 Uhr]. Es ist aber noch jemand vor Ort. Ob man das weiter fortsetzt, hängt ein bisschen davon ab, was Köhler sagt.« Ein Kollege wendet ein, das Schlusswort von Köhler komme erst um 17 Uhr, das stehe zumindest bei dpa [Deutsche Presse-Agentur] so. Redakteurin: »Ich hatte das so verstanden, dass sie den Köhler schon vorher haben, weil damit steht und fällt die Wichtigkeit des Themas, also ob der jetzt noch irgendwelche Forderungen an die Politik vorbringt, ob er auch nur das sagt, was wir alle schon kennen.« Man wird das klären.

»Das Kabinett, da bekommen wir Zusammentrittsbilder um 12 Uhr für die Digitalen. Ein Thema ist da heute Energiesparen, nämlich dieses CO_2-Sanierungsprogramm. Da könnte man natürlich, wenn die jetzt konkret werden, ein Verbraucherstück erwarten. Und zwar soll es ja im kommenden Jahr Sanierungszuschüsse geben bzw. verbilligte Kredite. Also, wenn die jetzt konkret sagen, was die wollen, kann man wie gesagt ein Verbraucherstück draus machen.« Ein Vorschlag, der allseits Zustimmung findet. »Der RBB schickt uns Bilder vom Nikolausfest für die Obdachlosen – für die Drei [*Tagesschau* um 15 Uhr].«

»Dann tagt in Leipzig ein Forum Ostdeutschland, und da geht es um die erneuerbaren Energien. Franziska Weber geht nicht nur zu dieser Pressekonferenz Tiefensee, sondern sie dreht auch ein Beispiel einer Bio-Ethanol-Anlage in Zeitz. Das ist eine der größten in Europa, und die gewinnen den Treibstoff aus Weizen. Das wird dem Benzin beigemischt, und man setzt eben große Hoffnung da rein, dass man damit eines Tages das traditionelle Benzin ablösen kann.«

»Höhö«, kommentiert ein älterer leitender Redakteur im Designercord und mit soigniertem Dreitagebart.

»Was heißt hier höhö?«

Und es antwortet der Redakteur mit der *Tagesschau*-Urgestein-Aura: »Kann man nichts Sinnvolleres damit machen? Whiskey oder so?«

»Ja«, mischt sich ein anderer ein, »es gibt doch da jetzt Untersuchungen, die besagen, dass da größere Umweltverschmutzung bei rauskommt. Selbst beim Raps wird schon immer weiter zurückgeschraubt.«

Doch das leitende Urgestein gibt sich schon geschlagen: »Das Thema haben wir fest eingekauft. Aber am Donnerstag bei der Wochenplan-Konferenz war das definitiv nicht eingekauft. Donnerstag habe ich schon so lange Zähne gehabt. Da war von der anderen Sache da noch nicht die Rede. Das ist eine SPD-Veranstaltung, und der Hinrichs, glaube ich, hat letzte Woche gesagt, der Großkopfertste dabei ist der Herr Beauftragte Ost, Tiefensee. Das ist alles, was am Donnerstag zu diesem Thema gesagt wurde. Und es liegt mir quer. Aber wenn es fest eingekauft ist, dann kann ich nichts machen – mit Abscheu, Ekel und Empörung.« Die letzten drei Worte sind natürlich ironisch gemeint, vielleicht sogar selbstironisch gegenüber der eigenen Vorläuferausgabe der Urgesteinnummer. Wahrscheinlich hat er vor dreißig Jahren mal an die Moralrhetorik geglaubt, die er da karikiert.

Weiter geht es im Staffellauf der Themen mit Wirtschaft: »Es geht um die neue Führungsriege der Telekom, die von Herrn Obermann heute vorgestellt wird, und die betont eben auch eine stärkere Verzahnung mit Mobilfunk und Festnetz usw. Kann man jederzeit einsteigen, wenn man das möchte. Die Porsche-Bilanz in den USA läuft für die Verkäufe im Moment natürlich nicht so gut. Trotzdem natürlich eine Gewinnsteigerung. Harald März in der Zwei.«

»Dann gibt es diesen angekündigten Amoklauf in irgendeiner Schule in Baden-Württemberg. Da die im Moment bereits konkret Schulen in Offenburg durchsuchen, habe ich die Sache mal zur Beobachtung auf den Zettel geschrieben. Aber bislang ist das natürlich nichts. Und der Saarländische Rundfunk bekommt als erste ARD-Anstalt einen medienübergreifenden Newsroom. Medienübergreifend heißt, dass da nicht nur die Fernsehleute sitzen, sondern auch die Radioleute, Hörfunk, Internet und die anderen Geschichten usw. usf. Wir haben das für die Fünf bestellt.«

Damit wäre die Übersicht über die innenpolitischen Themen erst mal erledigt. Es übernimmt die Kollegin vom Ausland: »Da haben wir den Bericht der Baker-Kommission. 17 Uhr soll der Bericht Bush übergeben werden, d. h., 17 Uhr bietet sich eine Liveschaltung zu Christiane Meier nach Washington an. Ein Stück für 20 Uhr. In der Eurovision habe ich gesehen, dass es auch schon vor 17 Uhr einen Bush-Termin mit dieser Gruppe gibt. Sprich: Ich glaube, dass wir auch schon für die Fünf ein Stück hinkriegen könnten. Verbunden vielleicht auch noch mit der Anhörung von Gates gestern. Dann haben wir Konkurrenz für CNN und BBC: France 24 geht heute in Paris auf Sendung. Stefan Brandenburg macht uns ein Stück für die Zwei.«

»Und aus Stockholm haben wir den Alternativen Nobelpreis. Anders als wir das gedacht haben, bekommt nicht der Gründer des Sozialforums diesen Preis, sondern es ist eigentlich noch spannender, nämlich Daniel Elsberg. Das ist derjenige, der 1971 im Pentagon gearbeitet hat und die ganzen Papiere nach draußen geschmuggelt und veröffentlicht hat.«

»Das ist ein Verräter«, meldet sich der mutmaßliche Exmoralist zurück.

»Formal ist das vielleicht ein Verräter, aber er hat den Alternativen Nobelpreis gekriegt, und der Mann ist auch dort. Und ich würde vorschlagen, den könnten wir in der Fünf vorstellen. Passt ja auch eigentlich zum Baker-Bericht.«

Doch der mutmaßliche Exmoralist mit der Mir-macht-keiner-was-vor-Attitüde wird jetzt echt moralisch: »Wer Betriebsgeheimnisse nach außen trägt, ist ein Schwein, der ist ein Riesenschwein.«

Die leitende Auslandsredakteurin: »Also, ich finde Herrn Elsberg sympathisch.«

Doch der Bekenntniseifer des Urgesteins hat die Runde in leicht amüsierte Aufregung versetzt. Platt reaktionärer Unsinn dieser Güteklasse scheint hier nicht üblich zu sein. Andererseits ist klar: Der moralische Exmoralist hat gar nicht vor, den Beitrag zu kippen. Er hatte nur zwei seltene Gelegenheiten benutzt, sich von den Zwängen und Kodierungen des Kollektivs zu befreien, die ihm sonst den ganzen Tag soufflieren, was er wie zu sagen und einzuordnen hat. Bei Themen wie alternative Energien und dem Alternativen Nobelpreis kann er für kurze Zeit sein Zaumzeug ablegen, endlich Mensch sein, wenn auch kein sonderlich begabter.

Und bald klärt die Runde andere Probleme – etwa beim Zeitplan mit der Baker-Kommission. Es liegen unterschiedliche Informationen darüber vor, wer wann vor die Kamera tritt, um die weitgehend bekannten Ergebnisse vorzutragen. Ab 17 Uhr deutscher Zeit soll der Baker-Bericht im Internet zugänglich sein. Doch keiner liest ihn.

Es bleiben noch andere außenpolitische Themen: »Der iranische Außenminister Mottaki besucht heute die Niederlande und wird sich vermutlich noch an die Öffentlichkeit wenden. Er nimmt da an einer Konferenz zum Verbot chemischer Waffen teil.« Nicht live, aber nach 19 Uhr werden die Kollegen vom NOS (niederländischer Fernsehsender) Bilder liefern, wahrscheinlich. Paris: Israelische Außenministerin trifft auf Chirac, Bilder eventuell für die 12 Uhr. Und von der EBU (European Broadcast Union) sind Bilder vom neuesten Anschlag im Irak angekündigt.

Schließlich geht es darum, welche Nachricht man zu einem längeren Beitrag macht und wie: »Zum Forum demographischer Wandel haben wir ein Interview mit einer Expertin von der SPD Berlin, die ihre Theorie präsentiert auf diesem Forum, wie die Familie 2020 aussehen soll. Und dann machen wir heute zum Thema Waffenkauf im Web eine eigene Geschichte, um mal so zu zeigen, wie einfach das ist, sich da Waffen zu besorgen. Und wir haben auch mit anderen Leuten gesprochen, was man dagegen machen kann. Da gibt es Vorschläge, das Web brutalstmöglich zu kontrollieren, um dagegen anzugehen. Das ist natürlich kein ›How-go-Stück‹, da müssen wir natürlich aufpassen, sondern wir zeigen, wie simpel das geht.«

Dann muss vorläufig festgelegt werden, welche Nachrichten in welchen Ausgaben der *Tagesschau* wie platziert werden. Und so trägt der verantwortliche Redakteur vor: »Die Zwei macht den demographischen Wandel, macht irgendwas zu ALG, Stück, Schalte, O-Ton, was auch immer, macht die Porsche-Pressekonferenz und die Franzosen mit ihrem Start heute und morgen. Das ist eine schöne Geschichte.«

Es fährt fort das Designer-Urgestein mit dem Ablaufplan für die 15-Uhr-Ausgabe: »In der Drei haben wir – um mit dem Wichtigsten anzufangen – das Forum Ostdeutschland, dazu könnte ich mir das Kabinett vorstellen mit dem Schäuble zur WM und vielleicht noch ein Wirtschaftsthema: Die Telekom mit dem Wandel und den Problemen, die die haben mit den Festnetzanschlüssen, kann man die auch mal abklopfen, welche Vorschläge die machen wegen Arbeitsplätzen usw. Das wären dann drei Stücke, mehr kriegen wir in der Sendung nicht mit. Und eine Live für die 4 Uhr? Ja, das können wir dann, wenn Frau Bunsenbrenner kommt. Denn zwei Livegeschichten in einer 9.30-Uhr-Sendung sprengt mir die Form völlig weg. Entweder Bunsenbrenner oder Washington.«

»Und mit der Demographie, das müssen wir mal abwarten. Das ist eine Bertelsmann-Konferenz, aber das ist ja deshalb nicht von Anfang an schlecht, nur ich frage mich, ob wir da was Neues erfahren werden, dass wir immer älter werden und immer weniger Kinder, das wissen wir doch auch so.«

Redakteurin: »Aber Köhler ist ja doch immer wieder für irgendeinen Vorstoß gut.«

»Mutterkreuz!«

»Ich werde es mal beobachten.«

»Diese Energiespargeschichte ist auch keine für 20 Uhr. Aber wenn wir Baker mit zwei Stücken machen, dann haben wir fünf Stücke. Das ist gut.«

Der Apparat wird gefüttert.

Erfolgsgeschichte einer Marke. – Am 26. Dezember 1952 ging die *Tagesschau* auf Sendung – und war doch keine, war vielmehr eine Wochenschau fürs Fernsehen. Die *Wochenschau* konnte man sonst nur im Kino sehen, dort lief sie vor dem Hauptfilm – zuverlässig im Propagandaton dröhnend, auch wenn es nur um Pariser Modeschauen, Schiffstaufen oder Staatsbesuche ging. Der unaufhaltsame Sieg des Nationalsozialismus fiel nach dem Krieg allerdings mangels Masse erst mal aus. Es gab ja auch genügend neue Ziele. Die *Tagesschau* hieß so, weil sie in Machart und Ästhetik ausdrücklich an die *Wochenschau* anschloss und weil sie sich – zumindest ganz am Anfang – von den Abfällen der Kino-Mutter ernährte.

In jener ersten *Tagesschau* sieht man Dwight D. Eisenhower auf der Rückkehr von einem Besuch in Korea. Der Text dazu lautete: »Dieser schwere Kreuzer brachte den zukünftigen amerikanischen Präsidenten Eisenhower aus Korea zurück. – Nach dem Schlachtenlärm am 38. Breitengrad ein erholsames Tontaubenschießen an Bord. Es gab an Bord aber auch schwerwiegende Beratungen: über Korea. In Hawaii angekommen, wurde Eisenhower nach alter Landessitte zur Begrüßung ein Blumenkranz umgehängt. Das etwas ernüchternde Resultat seiner 35.000-Kilometer-Reise nach Korea fasste Eisenhower in New York in der Erklärung zusammen: ›Für die Korea-Frage gibt es keine Patentlösung. Ich bin aber zuversichtlich im Hinblick auf eine befriedigende Lösung.‹«[22] Es folgt ein Bericht sozusagen in eigener Sache, nämlich über das Richtfest der neuen Fernsehstudios beim damaligen NWDR, Nordwestdeutschen Rundfunk, in Hamburg-Lokstedt, also der Keim-

---

[22] Es wird natürlich nicht berichtet, wie wichtig der Koreakrieg von 1950–54 für die Deutschen war. Die Rüstungsproduktion war ein entscheidender Faktor bei der Anschubfinanzierung für das sogenannte »Wirtschaftswunder« in Westdeutschland.

zelle des heutigen NDR an gleicher Stelle. Die erste *Tagesschau* allerdings kommt noch aus einem Bunkerkeller in der Hamburger Heilwigstraße. Alsdann gleiten Maxi Herberer und Ernst Baier, das Traumpaar auf Schlittschuhen, durch die Eisrevue »Zirkusluft«. Und schließlich beendet ein ausführlicher Bericht über den 3:2-Sieg der deutschen Fußball-Nationalmannschaft gegen Jugoslawien die erste 16-minütige Ausgabe der *Tagesschau*. Kein Wetter – und nirgends ein Köpcke: Es gibt nur Bilder zu sehen. Der Sprecher liest aus dem Off. Als an jenem Tag die *Tagesschau* zum ersten Mal in See sticht, erklingt auch zum ersten Male »Leinen los«, der ewige Indikativ, die Titelmusik der *Tagesschau*. Gesendet wurde dreimal die Woche: montags, mittwochs, freitags.

Wohlgemerkt: Eisenhowers Besuch in Korea hatte vom 2. bis 5. Dezember 1952 stattgefunden. Und die Ergebnisse des Fußballspiels Deutschland gegen Jugoslawien dürften am 26. Dezember allseits bekannt gewesen sein. Anfangs machte die *Tagesschau* noch nicht einmal den Versuch, sich als seriöse Nachrichtensendung zu etablieren, sie stellte sich vor allem in den Dienst eines neuen unermesslichen Hungers nach Bildern. Und so wundert es nicht, dass beispielsweise in der *Tagesschau* vom 19. Oktober 1953 folgende Beiträge gezeigt werden: Dänisch-deutsches Pressefest, Kleingärtnerstadt Dortmund erhält goldenen Erntekranz, Gitarrenbau in Bologna, Pferdeauktion in Deutschland, Deutsche Fechtmeisterschaften.

Man machte sich keine Illusionen: Radionachrichten und Zeitungen waren unvergleichlich viel schneller, die technischen Möglichkeiten des Fernsehens waren von geradezu grotesker Umständlichkeit, wenn es um die Aktualitäten ging. Also berief man sich auf das, was die anderen Medien nicht bieten konnten: bewegte Bilder von der real existierenden Wirklichkeit. »Gerade die schnelle Film-Berichterstattung 24 oder 48 Stunden später, wenn man es eben erst in der Zeitung gelesen hat, wird für manchen ein Anreiz sein, sich einen

Fernsehempfänger zu kaufen«, dachte Martin S. Svoboda, der erste Leiter der *Tagesschau*.[23] Die Konkurrenz auf dem Terrain der Bilder bestand allenfalls in der *Wochenschau*. Und tatsächlich war die *Tagesschau* bald schneller als die Kino-Mutter. Doch das spielte keine große Rolle. Denn wahrscheinlich nicht einmal die Inhaber der geschätzt etwa tausend Fernsehgeräte im Land konnten der Erstausstrahlung der *Tagesschau* lauschen. Im Süden und Osten blieben wegen der technischen Umstände die Bildschirme für Sendungen aus dem hohen Norden einstweilen matt. Das sollte sich bald ändern, und damit auch das Wesen der *Tagesschau*. Seit dem 1. Oktober 1956 wurde die *Tagesschau* an allen sechs Werktagen ausgestrahlt und ab September 1961 auch sonntags. Sie entwickelte sich zu einer der beliebtesten Sendungen, und zugleich begannen Programmmacher und Politiker das Fernsehen ernst zu nehmen.

Im Grunde wurde ein annäherndes Vorläufermodel für die uns heute bekannte *Tagesschau* zum ersten Mal am 2. März 1959 ausgestrahlt, und zwar vor der Sendung namens *Tagesschau*. Die ARD-Intendanten glaubten bemerkt zu haben, dass die wachsende Zahl der Fernsehzuschauer[24] um 20 Uhr keine Radionachrichten mehr hörten, sondern die *Tagesschau* eingeschaltet hatten, und sorgten sich dabei über den Programmauftrag des öffentlich-rechtlichen Fernsehens, dem es oblag, eine Grundversorgung an Informationen sicherzustellen. In der bisherigen Form betrachtete niemand die *Tagesschau* als eine seriöse Informationssendung. Also wurden seit dem 2. März 1959 fünf Minuten vor Beginn der *Tagesschau* Nachrichten von einem Sprecher verlesen – allenfalls mit

---

23 Zit. n. J. Garncarz, »Von der Bilderschau zur Nachrichtensendung«, In: I. Maurer Queipo, N. Rissler-Pipka, *Spannungswechsel. Medienzäsuren zwischen den Medienumbrüchen 1900/2000*, Bielefeld 2005, S. 141–154.
24 1956: 4 Prozent; 1957: 9 Prozent; 1958: 11 Prozent; 1959: 16 Prozent; 1960: 24 Prozent.

Standfotos illustriert. Köpcke kam – und blieb. Am 1. Dezember 1960 wurde dann die erste *Tagesschau* ausgestrahlt, die gewissermaßen das fundamentum inconcussum bis in die Gegenwart bilden sollte: Nachrichten werden von einem im Bild sichtbaren Sprecher vorgetragen und durch Film- oder Bildmaterial ergänzt. Das heißt, die *Tagesschau* bot jetzt Radionachrichten plus Bild und O-Ton-Material. Und sie orientierte sich fortan an den geläufigen Nachrichtenkriterien des Rundfunks: Aktualität, Relevanz und die strikte Trennung von Information und Kommentar. Dementsprechend entstand jetzt auch eine eigene Nachrichtenredaktion, deren erster Leiter Hans-Joachim Reiche wurde. Zur Ausnüchterung der *Tagesschau* vom Wochenschauableger mit 100 Prozent Filmanteil am Anfang gehörte die Absenkung der Filmbeiträge auf 56 Prozent im Jahre 1963. Die neue *Tagesschau* als seriöse Nachrichtensendung wurde gut angenommen: Die Zuschauer bewerteten die neue Form mit der Note 5,6 auf einer Skala von −10 bis +10. Die alte *Tagesschau* hatte eine Zustimmung von 3,5.[25] Seitdem wurde die *Tagesschau* im Laufe der Jahrzehnte nur unwesentlich im Design und in ihren technischen Möglichkeiten modernisiert.

Seit fast fünfzig Jahren dämmert die *Tagesschau* im Sarkophag ihres außergewöhnlichen Erfolgs dahin. Angesichts einer nahezu konstant hohen Zuschauerquote von über dreißig Prozent wagt es niemand, an der »Natur« der 20-Uhr-Ausgabe der *Tagesschau* zu rütteln. Im Laufe der Jahrzehnte hat man sich Generationen von Zuschauern herangezogen, die behaupten, durch die *Tagesschau* gut informiert zu werden. Und umgekehrt glaubt die *Tagesschau* deshalb, glänzend zu informieren.

---

25 Diese Zahlen nach J. Garncarz, a. a. O. In meiner Darstellung der Frühgeschichte der *Tagesschau* folge ich weitgehend den Angaben von Garncarz. Ansonsten: Horst Jaedicke, *Tatort Tagesschau. Eine Institution wird 50*, München 2002.

Dass Information ein Konzept ist, dessen Bedeutungen und Werte unabhängig von einer wie auch immer rituellen Zustimmung der Zuschauer existieren, braucht bei *ARD-aktuell* niemanden zu interessieren.

Auszüge aus einem Gespräch mit *ARD-aktuell*-Chefredakteur Kai Gniffke. – 6. Dezember 2006

Dr. Kai Gniffke wurde 1960 geboren und ist seit 2006 Chefredakteur von *ARD-aktuell*. Er hat eine steile Karriere hinter sich. Gniffke stammt aus Frankfurt a. M., absolvierte die Schule in Daun in der Eifel. Er studierte dann Politische Wissenschaften, Soziologie und Rechtswissenschaften in Mainz und Frankfurt. Seinen Arbeitsschwerpunkt bildete die Geschichte der Arbeiterbewegung. 1992 promovierte er bei Prof. Dr. Iring Fetscher. Die Friedrich-Ebert-Stiftung förderte seine Arbeit mit einem Stipendium. Ab 1993 arbeitete Kai Gniffke beim Südwestrundfunk in Mainz. Dort war er als Redakteur in der Chefredaktion Fernsehen tätig. Von da aus führte sein Weg direkt nach Hamburg. Gniffke ist verheiratet und hat zwei Kinder.

Gniffke ist ein wacher drahtiger Mann. Man merkt ihm an, dass er stolz auf seinen Laden ist. Die Reputation der *Tagesschau* heiligt den bescheidensten Mitarbeiter – und den Chefredakteur erst recht. Doch Gniffke ruht sich nicht aus. Er strahlt die eigentümliche Unruhe der meisten leitenden Medienmenschen aus: die Angst, Anschlüsse zu verpassen, Entwicklungen zu verschlafen. Und natürlich ist er auch von der Quote besessen. Die Quote halten, einerseits, junge Zuschauer dazugewinnen, andererseits. Deshalb interessiert er sich besonders für die neuen »Ausspielwege« – Internet, Blogs, neues Design auf digitalen Experimentierstrecken, *Tagesschau* aufs Handy. Selbstredend steht ein intelligenter Informationsbegriff nicht auf seiner Agenda.

Wie fast alle Mitarbeiter von *ARD-aktuell* verblüfft auch der Chefredakteur mich damit, dass er eine präzise Beschreibung seiner Arbeit nicht liefern kann: Es gäbe keine Magna Charta der *Tagesschau*. »Die Basis all dessen, was wir machen, was wir auch verbreiten, ist Recherche. Recherche ist der Anfang von allem. Bei uns heißt es nicht einfach nur schnell sein, sondern schnell und auch korrekt.«[26] Da müsse man im Notfall auch mal in Kauf nehmen, der Zweite zu sein. Als ein gutes Beispiel für die Mischung aus Sorgfalt und Recherche nennt er die Berichterstattung über den Amoklauf des Schülers in Emsdetten. Durch das hervorragend geleitete Regionalstudio in Münster habe man sofort vor Ort berichten können.

Recherche gehe über alles, sagt Gniffke, und dann führt er gleich ein zweites Qualitätsmerkmal an, nämlich die Politik als Schwerpunkt der Berichterstattung. Der Politikanteil von *Tagesschau* und *Tagesthemen* liege konstant bei über 50 Prozent. RTL dagegen hatte im letzten Monat unter 20 Prozent. Nein, der Gesprächswert eines Themas, die platte Neugier des Publikums reiche nicht, um Eingang in seine Sendungen zu finden. Darum drehen sich viele Diskussionen in dieser Redaktion. Und er nennt ein Beispiel aus jüngerer Zeit, über das heftig diskutiert worden sei – nämlich der erste Arbeitstag von Christoph Daum beim 1. FC Köln. Natürlich habe man zuvor schon über die Berufung Daums als Trainer beim 1. FC Köln berichtet. Aber ob man jetzt nochmal was über Daums erstes Training machen solle, darüber sei vehement diskutiert worden. Und schließlich habe man das auch gemacht: 25 oder 30 Sekunden. Einfach, weil da Tausende von Menschen gekommen seien, um sich das Training eines Zweitligisten anzuschauen.

---

26 Zit. nach einem Interview des Autors, ausgestrahlt in: Die Tagesshow. Feature DLF, 10. Juli 2007. Ebenso wie alle weiteren Zitate von Kai Gniffke.

»Wir leisten es uns, sehr intensiv darum zu ringen, was wir machen und warum wir es machen.«

Ja, es gibt einen Sendeauftrag, der im Staatsvertrag über *ARD-aktuell* formuliert ist, aber damit kann man im Alltag nicht operieren. Und insofern bestehe die Arbeitsgrundlage in einem pragmatischen Verständnis von Journalismus.

»Wir zeigen den Teil der Welt, den wir für journalistisch richtig und wichtig halten. Wir gehen ja zunächst einmal bei unseren Sitzungen durch, was wir für wichtig und relevant halten. Das bemessen wir nach journalistischen Kriterien. Journalistische Kriterien heißt: Hat das tatsächlich eine Bedeutung, worüber wir da berichten? Wie viele Menschen betrifft das tatsächlich? Welche Durchsetzungskraft hat das überhaupt, ist es von daher relevant, darüber zu berichten? Sind die Leute, die da agieren, so einflussreich, dass es eine große Bedeutung für ein Land oder für die Bevölkerung bekommen könnte? Und natürlich ist es unsere Aufgabe zu prüfen: Wie redlich ist das, was die da gerade tun? Pure Demagogie als solche mindestens zu kennzeichnen bzw. den Zuschauern durch die Berichterstattung den Eindruck vermitteln, das könnte jetzt Demagogie sein, gehört auch zu unseren Aufgaben.« Schließlich wolle man ja keine Volksbelehrung machen. Die Leute sollen sich ihr eigenes Urteil bilden, und dafür biete man ihnen einfach die Basis.

»Ich kann das Wort Lebenswirklichkeit schon fast nicht mehr hören, aber klar ist, wir müssen erklärender werden, wir müssen den Leuten vermitteln, was bedeutet das jetzt eigentlich tatsächlich.«

»Unser Ziel ist letzten Endes, dass die Leute eine Informationsgrundlage haben, aufgrund derer sie sagen können, das ist ja ganz schön oder das gefällt mir nicht und das mit dem Investivlohn, das sollte jetzt vielleicht kommen, und, ah ja, die Wirtschaft brummt, jetzt können wir ein bisschen mehr in der Lohntüte haben. Solche Dinge, dafür müssen wir die Basis liefern und dafür müssen wir recherchieren, und wir dürfen uns nicht damit abspeisen lassen, dass ein Politiker einfach sagt, das ist so.«

Die Produktion von Nachrichten sei ja fast industriell geworden. Und werde weiter zunehmen. Darüber mache er sich keine Illusionen.

Ich habe den Eindruck, dass ein normaler Konsument der *Tagesschau* wenig Chancen hat, sich ein Bild etwa von der Situation im Irak zu machen. Ja, antwortet Gniffke, das ist eine Frage, die wir jeden Tag beantworten müssen: Wie viel setzen wir voraus? Wir müssen die Frage immer mehr in der Richtung beantworten, dass wir wenig voraussetzen dürfen. Nicht dass wir die Leute für blöd halten, aber es gibt so viele Dinge, die kriegt man nach ein paar Wochen nicht mehr zusammen. Wer stand in diesem Konflikt da auf wessen Seite? Darauf wende ich ein, dass es vielleicht nicht eine Sache der Komplexität sei, oder der Intelligenz der Zuschauer, sondern ob man die evidenten Zustände und Verhältnisse je beim Namen nenne. Und eilig bemüht Gniffke wieder die schöne alte Unergründlichkeit der Welt und nennt als das schlagendste Beispiel in diesem Zusammenhang den Nahostkonflikt, den man letzten Endes nur verstehen könne, wenn man die Geschichte kennt. Ansonsten wird man elende Mühe haben, bei all der Propaganda Angriff als Gegenangriff zu verstehen. Kurz, wer hat da jetzt eigentlich wen angegriffen, und damit sind wir bei Henne oder Ei. Und das ist wahnsinnig schwer. Aber er könne nicht die Genese des Nahostkonflikts, die Gründung des Staates Israel immer wieder aufs Neue thematisieren. Da stoße man an Grenzen. Das macht jedem Nachrichtenmacher Unbehagen, aber er erklärt sich bereit, mit diesem Unbehagen zu leben. Verständlich, denn *Tagesschau* und *Tagesthemen* scheinen im konkreten Fall eigentlich immer ziemlich gut die Rangordnung von Henne und Ei zu kennen.

Dann frage ich ihn, ob er wirklich glaube, dass man mit

Hilfe der *Tagesschau* die Welt verstehen könnte. Gniffke riecht die Falle, zögert und bekennt, dass er jetzt eigentlich ja sagen müsste, aber ehrlich gesagt wüsste er gar nicht, ob er die Welt verstehe, obwohl er ja sozusagen hauptberuflich mit Informationen aus allen möglichen Quellen zu tun habe. Und dann folgt eine etwas abgespeckte Version seines Verständnisses vom Informationsauftrag: »Was unser Auftrag ist und was wir leisten können, ist, die Leute fit für den nächsten Tag zu machen. Dass sie am nächsten Tag bestehen können, dass sie mit all den Informationen, die dann auf sie einstürzen, etwas anfangen können, dass sie dann wissen, das habe ich doch schon mal gehört.« Aber auf dem Grunde dieser doch allerbescheidensten Absichten entdeckt er die bahnbrechende Perspektive einer Informationswellness: »Was wir ja wollen, ist, den Zuschauern einen Genuss an Nachrichten machen: dass sie etwas verstehen und ein Genießen an dem Verstehen bekommen.«

Eine einzige Ausgabe der *Tagesschau*, die auch nur annähernd den noch so allgemeinen Beschreibungen von *ARD-aktuell*-Chefredakteur Kai Gniffke entsprechen würde, ist nicht auffindbar.

Tagesthemen-Konferenz 11.30 Uhr. – In Offenburg scheint sich was zu tun. Echte Aktualität. Redakteur: »Ich habe gerade mit Uschi telefoniert. Das konzentriert sich im Moment, was die Möglichkeit zu drehen angeht, auf Offenburg. Da geht es um das Technische Gymnasium in Offenburg, Südbaden. Dort ist jener Schüler zu Gast, von dem man seit Montag weiß, dass er vermisst wird, und von dem man annimmt – das sind aber alles nur Vermutungen –, möglicherweise der Urheber dieser Drohung zu sein.« In Offenburg scheinen sich dramatische Szenen abzuspielen, die Schule ist belagert von

Sondereinsatzkräften und Journalisten. Schüler geben aus dem Fenster Interviews. »Man kann sich das wirklich vorstellen wie seinerzeit in Erfurt. Also völlig konfus.«

Anne Will fragt: Oder eher wie in Gladbeck?

»Das auch, ja. Und dann geht es um den Kultusminister, der das Ganze losgetreten hat in Stuttgart, offenbar gegen den Rat des Polizeipräsidenten, der ist dankbar für jeden Hinweis, wenn er nicht öffentlich wird. Einige Schulen sind geschlossen, es gibt jede Menge besorgter Eltern. Das ist Aufregung pur.«

Jetzt mischt sich ein Chef vom Dienst für die *Tagesthemen* ein: »Das ist ja eigentlich von gestern. Die Mitteilung kam gegen den Willen des Lagezentrums vom Kultusministerium. Und das ZDF hat die angerufen, wie wir damit umgehen, und wir haben uns mit denen verständigt, nach Absprache mit Stuttgart, es nicht zu tun. Jetzt ist es aber nicht mehr zu halten. Heute früh riefen die Hörfunksender bei uns an, weil die ja Riesensendeflächen haben, um das zu machen. Bisher war es noch sehr schüchtern mit dem Verweis aufs Kultusministerium und so, aber jetzt geht es los. Jetzt muss man es eigentlich machen. Wenn die Bilder da sind, werden alle senden, und da klinisch rein zu bleiben, macht keinen Sinn.«

Was steht sonst noch an?

»Baker ist ja klar, die Kommission kommt. Du hast noch mal mit Kairo, mit Leclercq geredet?«

»Ja, Leclercq ist in Bagdad unterwegs, d. h., sein Team ist dort unterwegs. Der hat ein bisschen das Problem, dass er aufgrund unserer Struktur keinen Bericht aus Bagdad machen kann.« Die ARD hat aus Sicherheitsgründen keinen Korrespondenten in Bagdad. Die Bilder werden von ungenannten »Einheimischen« geliefert. Die Filme werden dann meistens von Patrick Leclercq in Kairo zusammengesetzt, kommentiert und als Bericht aus Bagdad gesendet. »Er hat den Auftrag, nochmal über das Ergebnis zu referieren, das ja seit Montag auch teilweise bekannt ist. Die Geschichte, die er macht, macht er fest an seinem Zeitungsverkäufer, der in der üblichen arabischen Art seine Zeitungen auf der Straße verkauft, und da steht das Ergebnis natürlich noch nicht drin, aber man kennt das ja.«

»Die entscheidende Frage auf der anderen Seite lautet natürlich: Was macht Bush damit? Fühlt er sich an die Ergebnisse gebunden, oder hat er die Chance, trotz der neuen Kräfteverhältnisse im Kongress mit den Demokraten das zu ignorieren. Sie haben ein Mitglied der Kommission, nicht Baker selbst, den sie auch zum Interview bekommen. Und wie wir das garnieren, das ist ein bisschen die Frage. Wir haben gestern angefangen, darüber nachzudenken: Ein Vorschlag ist die *sandbox*, das ist ein Internet-Forum bei der *Washington Post*, wo sich Soldaten aus dem Irak äußern. Was vielleicht ein Kunstgriff wäre, nicht nach Bagdad zu gehen und trotzdem so eine Gegenöffentlichkeit zu haben, um was gegen das zu stellen, was die Baker-Kommission jetzt empfiehlt. Und die Realität dort zu spiegeln, ohne dem Stück aus Bagdad was wegzunehmen. Leclercq wollte aber auch selbst nochmal weiterdenken, damit wir nicht ein langweiliges Kommissionsstück bekommen, was ja ein bisschen die Gefahr ist. Aber der Grundauftrag ist natürlich klar, die Vorschläge und was bedeutet das für Bush und die Realisierung und Umsetzung davon.«

»Gestern war ja die Anhörung von Robert Gates als zukünftigem Verteidigungsminister, die ja erst nach unserer Sendung richtig zu Ende ging und die relativ gut den Systemwechsel beschreibt. Gates hat ziemlich klar auf die Frage des Senators, ob wir den Irak-Krieg gewinnen können, mit einem klaren Nein geantwortet und dann – nach dem Iran befragt – die Parallele gezogen: Die Erfahrung aus dem Irak-Krieg besteht darin, dass man mit Iran keinen Krieg anfangen darf, sondern es nur diplomatisch lösen kann. Der Mann steht für das, was die Baker-Kommission jetzt auch als Vorlage macht: den

Systemwechsel, wobei der Verweis darin besteht, dass es noch zwei andere Berichte geben wird.«

Anne Will fragt, ob es sich wirklich um den Irak-Krieg handele. Da sei doch schon »mission accomplished« gemeldet.

»Ja, Gates wurde in seiner Anhörung, um Minister zu werden, gefragt, können wir den Irak-Krieg noch gewinnen, und er sagt nein.«

»Ja, aber ist das der Krieg, oder sprechen die da von irgendeinem Abenteuer?«

Ein anderer Redakteur: »Ich glaube, was die da meinen, ist der Bürgerkrieg in Folge des Irak-Krieges.«

Anne Will ist begeistert: So undifferenziert, wie das jetzt klingt, sei das natürlich ein Hammer, da könne man natürlich nochmal den schönen Auftritt auf dem Flugzeugträger mit »mission accomplished« zeigen.

Redakteur: »Passt doch mit Kofi Annan gestern großartig zusammen.«

Rückblende: 2. Mai 2003, *Tagesschau* 20 Uhr. Erste Meldung an diesem Tag gilt Bushs »mission accomplished«-Ansprache auf dem Flugzeugträger *USS Abraham Lincoln* am 1. Mai.[27] Tom Buhrow berichtet aus Washington. Kommentarlos lässt man den amerikanischen Präsidenten seine Lügen wiederholen: Durch den Sturz der irakischen Regierung habe man im Kampf gegen den Terrorismus einen großen Erfolg verzeichnet. Irak könne jetzt keine Waffen mehr an Al Kaida liefern. Das war zu diesem Zeitpunkt längst eine erwiesene Lüge. Tom Buhrow spricht von den Massenvernichtungswaffen, die noch gefunden werden müssten. Als ob der Krieg dadurch seine

---

27 Wegen der Zeitverschiebung berichtet die *Tagesschau* mit Datum vom 2. Mai.

völkerrechtlichen Weihen erhielte. Auch das ist in der tausendsten Wiederholung schlicht falsch. Selbst dann wäre dieser Krieg ein vollkommen illegaler Angriffskrieg. Zurück nach Hamburg.

Redakteurin: »Das ist ein Stück, das Leclercq macht, der hat sein Team in Bagdad unterwegs und will ein Stück machen mit dem Zeitungsverkäufer, aber auch mit Angehörigen der unterschiedlichen Parteien, Sunniten oder Schiiten, und will rausbekommen, was ist da schiefgelaufen durch die Amerikaner.«

Nun ja, das ist eine Frage, die man sich seit drei Jahren hätte stellen können, die aber die *Tagesschau* niemals zu stellen wagte. Jetzt, da bestimmte Stimmen in den USA offiziell ein Scheitern der »Befreiungsmission« in Erwägung ziehen, muss die *Tagesschau* darauf achten, dass sie sich die neuen Sprachregelungen zu eigen macht. Im Übrigen: Dass es je eine breite Zustimmung im Irak zum Angriffskrieg der Amerikaner gegeben habe, können nur die behaupten, die regelmäßig die *Tagesschau* verfolgt haben.

Weiter die Redakteurin: »Als man ›mission accomplished‹ verkündet hatte und noch kein Bürgerkrieg war, waren die Sympathien ja wirklich auf Seiten derer, die Saddam zu Fall gebracht haben. Und ist es da überhaupt realistisch zu sagen, Amerika zieht ab? Würde man akzeptieren, wenn sich die Amerikaner eher infrastrukturellen Aufgaben widmen? Also ein Stück, dass die Stimmung bei allen Teilen der Bevölkerung transportiert.«

Anne Will sieht auch gleich einen hübschen Bezug darin – nach dem Motto: Jetzt könnte sich was ändern mit dem neuen Verteidigungsminister und den neuen Ergebnissen.

Redakteur: »Also, das muss man herstellen.«

Anne Will kontert: Sonst hätte man das ja die ganze Zeit machen können.

Was bieten die Nachrichtenmaschinen sonst noch an?

»Volker Schwenck wird sich bemühen, den Aufriss dessen zu machen, was sich da bei VW verändert und was es mit dieser Phantasie auf sich hat, jetzt einen Großkonzern zu machen. Er ist jetzt auf der PK [Pressekonferenz], die gleich zu Ende ist, so um 12 Uhr. Das war ja die Überlagerung, die erste Spekulation war ja, dass Porsche Audi übernehmen wird als Premiumprodukt, das hat er dann natürlich sofort dementiert, obwohl das nie richtig akzeptiert wurde. Und man unterstellt ihnen, dass er vielleicht doch eine ganz große Lösung haben will mit den großen Autoherstellern: VW, Audi, Porsche mit MAN und Scania. Aber man weiß es nicht genau. Aber das wird er versuchen darzustellen über die Fragen bei der Pressekonferenz und auch über einen Beschäftigten bei Porsche über die Situation in der Autoindustrie.«

Thomas Hinrichs, der an diesem Tag nicht im Hause ist, sondern den Kanzleramtsminister Thomas de Maizière trifft, hat dazu ein Gespräch mit Wendelin Wiedeking arrangiert. »Das müssen wir leider aus einem SMG [Standard Mobile Group][28] in einem Hotel um 15 Uhr aufzeichnen.«

Anne Will wird gereizt: Das sei ja unfassbar – ein Interview zu haben, in dem der wichtige Herr Wiedeking nichts sagt. Das sei so vorhersehbar. Sie habe noch keinen Vorstandsvorsitzenden in ihrer Sendung gehabt, der überhaupt irgendwas gesagt hätte.

Der CvD erläutert den medialen Mehrwert: »Es ist aber so, dass wir dank Thomas Hinrichs die Einzigen sein werden, die er überhaupt bespricht.«

Anne Will beglückwünscht die anderen dazu, dass die den nicht haben. Außerdem sei sie sowieso der Meinung, dass das erste Thema, also Offenburg, heute alles schlägt. Aus der

---

28 Mobiles Studio.

Nachrichtenlage des Tages heraus – und das müsste hier die oberste Maßgabe sein – sei es sehr wichtig, dazu ein Gespräch zu machen: Information von Öffentlichkeit, wie kriegt man das hin, wie löst man das am allerbesten, ohne Menschen in Panik geraten zu lassen und ohne die Sorgfaltspflicht aus dem Blick zu verlieren. Das sei ja superkompliziert, aber auch hochspannend, wie sie findet. Wenn man also ein Interview ausgebe, dann doch gewiss das. Sie telefoniere auch nochmal mit Hinrichs darüber und sie könne durchaus verstehen, dass das irre viel Aufwand war, das einzutüten, nur hätte sie da von Beginn an lange Zähne gehabt, und die blieben auch.

Doch der CvD insistiert: »Es ist ein bisschen ungerecht, das Thema Porsche und das Fortgehen der Autoindustrie hinter dem Thema Stuttgart jetzt zu verstecken.«

Gleich fährt Anne Will dazwischen: Nein, die Baker-Kommission könne man nicht auslassen, da habe man sich gestern schon drauf gefreut, endlich mal wieder ein sattes Thema im Programm zu haben, nun sei eben noch ein neues reingewachsen.

Ein anderer Redakteur versucht zu vermitteln: »Es ist ein bisschen so wie bei dem Interview mit Bill Gates.«

Anne Will winkt ab: Das habe doch auch nichts gebracht, aber viel Arbeit gemacht.

»Ich finde, das war am Ende besser, als wir erwartet haben, das muss man schon sagen, gut, das hatte keinen wahnsinnigen Nachrichtenwert, aber es war ganz gut anzusehen. Diese Gerechtigkeit muss man der Sache schon angedeihen lassen.« Außerdem habe es bei Porsche in den USA doch ein bisschen Probleme gegeben, dann kann uns Wiedeking Porsche nicht mehr als Lokomotive der deutschen Konjunktur verkaufen.

Gut, so Anne Will, dann mache sie eben so ein Interview, in dem sie frage – wer wird der neue Audi-Chef? Und wenn er dann nichts sagt, könne man auch mal sagen: Herr Wiedeking, warum geben Sie überhaupt ein Interview? Das sei zwar nicht nett, aber das dürfe man dann auch mal fragen.

Darüber gerät der CvD in allgemeines Räsonieren: »Es gibt Tage, an denen wir einfach zu viele gute Themen haben, und jetzt nur, weil noch ein schickeres daherkommt, ein wichtiges und richtiges Thema zu verwerfen, ist nicht fair. Dieses Thema VW, Audi, MAN, Scania drängt in dieser Republik auf eine Lösung. Viele haben an diesen Dingen Interesse.«

Ja, da sei sie ja vollkommen bei ihm, dem CvD, erklärt die leicht gereizte Anne Will, das Thema sei ja verdammt interessant. Die Frage sei, wie kann man das bearbeiten, und man könne es eben in der Regel nicht bei einem Interview mit einem Vorstandsvorsitzenden bearbeiten. Da sei der Mann ja auch in Not. Jeder Satz, den er falsch sage, schlüge sofort auf die Börsenentwicklung der angesprochenen Bereiche durch. Man könne ihm das nicht vorwerfen, aber das mache es für das Interview-Format fast unmöglich, mit Gewinn zu agieren. Aber gut, sie mache es trotzdem. Aber es müsse danach auch die Möglichkeit bestehen zu sagen: Uns hat das gar nichts gebracht. Das kürzen wir gnadenlos.

CvD: »Da müssen wir halt bei Baker kürzer werden.«

Anne Will mit echtem Pathos: Da geht es um Weltpolitik.

»Und da geht's um die Autoindustrie und den deutschen Standort. Da kannst du eine Chiffre für die andere nehmen. Bei der Baker-Kommission kannst du sagen: Das ist bekannt. Bei den Porsche-Zahlen: Die sind heute neu. Ich überlege, wo man sparen kann.«

Ja, aber sparen sei keine Kategorie. Die Kategorie müsse doch sein, wo sind die stärksten Inhalte und wie beantworten wir die in angemessener Zeit, darum müsse es doch gehen.

Später im Interview erläutert Anne Will die Kategorie »stärkste Inhalte« folgendermaßen: »Ein Inhalt ist für uns nur stark, wenn er in die entsprechende Form gegossen wird.

Das Wichtigste bei Interviews ist, die vorgestanzte Message zu umschiffen.«[29]

Auf der Sitzung legt Anne Will nochmal nach: Die Großprovokation bestünde für sie darin, dass das um 15 Uhr aufgezeichnet wird, nachdem Thomas Hinrichs gestern erklärt habe, dass das eigentlich nicht geht für eine Sendung, die um 22.15 Uhr beginnt.

Es handelt sich hier wahrscheinlich um eine dieser engagierten Diskussionen, von denen Chefredakteur Kai Gniffke stolz berichtet hat. Was sie ergeben hat, werden wir in den *Tagesthemen* sehen.

Doch jenseits der aufregenden Aktualitäten, die sich da in Offenburg abzuspielen scheinen, jenseits der großen Wirtschaftsfragen um VW, Audi & Porsche und sogar jenseits der Weltpolitik im Zeichen der Baker-Kommission hält die *Tagesthemen*-Redaktion noch stets ein Betthupferl bereit. Und heute geht es um zwei Emsländer, die im Erzgebirge einen Laden eröffnen wollen, in dem sie die berühmten Holzfiguren aus der Region zu Dumpingpreisen verkaufen wollen. Denn die beiden Schlaumeier lassen in China fertigen. Es geht hier um Globalisierung im kleinsten Kreis, stellt der zuständige Redakteur fest.

Eine Supergeschichte – findet Anne Will.

Quote. – Am 5. Dezember referiert Thomas Hinrichs, stellvertretender Chefredakteur von *ARD-aktuell*, über die Quote der *Tagesthemen* vom Vortag. »Die Quote der gestrigen Sendung war nicht so berauschend: 9,3 Prozent, das heißt 2,17

---

[29] Zit. nach Interview des Autors, ausgestrahlt in: Die Tagesshow. Feature DLF, 10. Juli 2007. Ebenso wie alle weiteren Zitate von Anne Will.

Millionen Zuschauer.[30] Man muss allerdings dazusagen, dass wir von 7,2 Prozent bei *Unter kaiserlicher Flagge*[31] und 8,9 Prozent bei *Fakt* ausgehen müssen. Es ist wieder so gewesen, wie es häufig ist: Wir starten katastrophal schlecht, ohne dass wir was dazukönnen. 22.14 Uhr ist die Quote bei 6,6 Prozent und 1,77 Millionen Zuschauer. Mit Beginn unserer Sendung kommen 300.000 dazu, also das macht 2,09 Millionen. Das halten wir dann relativ konstant bis 22.30 Uhr, und dann steigen die Zahlen nochmal um fast 400.000 bis 22.38 Uhr. Der Sendung ist also kein Vorwurf zu machen. Diese 2,48 Millionen übrigens und das Ansteigen der Zuschauerzahlen ergibt sich bei dem Block, den wir zu der Maritimkonferenz hatten: Der Boom beim Schifffahrtsbau und das zweite Stück über die neuen Techniken beim Schifffahrtsbau. Das war bildstark. Und wir hatten ja gesagt: ein bisschen verwirrend das erste Stück, aber auch nicht so verwirrend. Es war also nicht hundertprozentig gut, sondern sagen wir mal neunzig Prozent. Das hat die Leute ganz offensichtlich sehr interessiert. Die Filmkritik danach dann wiederum nicht so, da geht es dann wieder so ein bisschen runter. Da verlieren wir dann wieder ein bisschen auf 2,02 Millionen. Insofern, das hatte ich ja gestern schon gesagt: gute Sendung! Die Quote war nicht befriedigend. Aber das lag dann auch am Vorlauf.«

Um es so schlicht zu sagen, wie es ist: Quote bedeutet nichts anderes als gemessener Strom in Fernsehern, der nach den Programmen spezifiziert wird, die gerade eingeschaltet sind. Das ist alles. Quote bedeutet weder Interesse noch Zustimmung. Niemand weiß, ob vor dem laufenden Gerät überhaupt jemand sitzt. Die Quotenzählung ist in gewisser Weise ein schon fast wieder faszinierend dümmliches Instrument, um

---

30 Gemeint ist der Durchschnitt der Quote für die gesamte Sendezeit.
31 Ein Dokumentarfilm, der von 21.00 bis 21.45 Uhr im Ersten lief. Danach folgte das Magazin *Fakt*.

etwas so Komplexes wie Kommunikation zu erfassen. Offensichtlich genügt es, um beim Fernsehen die Preise für TV-Werbeminuten kalkulieren zu können. Darin besteht ihr tiefster, ja, ihr einziger Sinn.

Seit der Einführung des Privatfernsehens ist den öffentlich-rechtlichen Fernsehanstalten kein einziges Kriterium, kein einziges Qualitätsmerkmal jenseits des Quotenstroms eingefallen, mit dem sich die Kommunikation mit dem Zuschauer beschreiben ließe. In der Zwischenzeit lastet der Quotendruck noch auf dem kleinsten Programmmacher. Die gesamte öffentlich-rechtliche Programmpolitik wird vom Quoten-»Denken« bestimmt – unter zärtlicher Missachtung sämtlicher öffentlich-rechtlicher Programmaufträge. Kein Redakteur, der nicht als Erstes morgens die Quote vom Vortag abfragt. Da kann man dann auf die Sekunde nachvollziehen, wohin es das Rudel der Zuschauer mit ihrer Fernbedienung treibt.

Freilich muss man Quoten auch interpretieren können. Wenn Thomas Hinrichs bei seiner Darstellung suggeriert, dass die Zuschauer am 4. Dezember 2006 um 22.30 Uhr massenhaft zu den *Tagesthemen* umgeschaltet haben, weil da starke Bilder zu sehen gewesen seien, dann handelt es sich um klaren Selbstbetrug. In Wahrheit hat zu diesem Zeitpunkt bei mehreren Sendern ein Programmwechsel oder eine Werbepause stattgefunden. In solchen Momenten greifen Zuschauer zur Fernbedienung und zappen durch andere Programme. Dabei mögen sie dann auf die ›starken Bilder‹ in den *Tagesthemen* gestoßen sein, um ihnen dann ein paar Minuten lang ihren Lauf zu lassen. Wir wollen dem Zuschauer sein Recht auf Indifferenz nicht streitig machen, wohl aber den Programmplanern ihre Logik, wenn sie aus diesem Verhalten Schlüsse über die Qualität des Programms ziehen.

Die Macht der Quote kann nur der brechen, der Qualitätsmaßstäbe jenseits eines beliebigen und unmaßgeblichen Konsumentenverhaltens aufstellen kann. Doch wer wollte das ernsthaft?

Politik der Konferenzen. – Ich habe bei *ARD-aktuell* niemanden getroffen, der auch nur annähernd imstande gewesen wäre, halbwegs präzise zu beschreiben, was er da macht und wie das »Nachrichtenmachen« als Handwerk funktioniert. Zugespitzt gesagt hatte ich eher den Eindruck, dass solches Wissen hier ein Einstellungshindernis wäre.

Seine Ausführungen haben zwar nichts zu tun mit dem Produkt, das er herstellt, doch im Vergleich zur radikalpragmatischen Mentalität der Kollegen möchte man den Chefredakteur Kai Gniffke fast schon einen Intellektuellen nennen, einen Medientheoretiker des Nachrichtenwesens – wenngleich ohne erkennbaren Praxisbezug. Einer seiner Vorgänger auf dem Chefredakteurssessel, Henning Röhl, hat ein ganzes Buch über den verborgenen Tiefsinn seiner Arbeit geschrieben. Und darin findet sich sogar ein »Nachrichtengrundgesetz für die *Tagesschau*«:[32]

— »Die *Tagesschau* will zur Versachlichung von Politik beitragen. Nachrichten verbreiten heißt Tatsachen melden.
— Die *Tagesschau* will schnell und zuverlässig sein. Hat sie zu wählen, entscheidet sie sich für die Zuverlässigkeit.
— Was die *Tagesschau* veröffentlicht, hat sie zu verantworten, was sie verschweigt, ebenfalls.
— Nachrichten, die sensationell sind, meldet die *Tagesschau*. Sensationen, die keine Nachrichten sind, meldet sie nicht.
— Die *Tagesschau* will nicht indoktrinieren, sondern informieren.«

---

[32] Henning Röhl, *Die Macht der Nachrichten. Hinter den Kulissen der Tagesschau*, Berlin/Frankfurt a. M. 1992, S. 59.

Kein Kabarettist könnte das Reflexionsniveau der *Tagesschau*-Macher besser veranschaulichen als dieses »Grundgesetz« von Henning Röhl.

Doch die Abwesenheit brauchbarer Arbeitskriterien heißt noch lange nicht, dass es eine fröhlich improvisierende Gestaltungsfreiheit gäbe. Sämtliche Mitarbeiter sind tief initiiert in die Tradition der *Tagesschau* und die Imperative des im Laufe der Jahrzehnte erworbenen Stils. Pedantisch sorgen sie dafür, dass jede neue Ausgabe aussieht wie die letzte.

Es bedarf normalerweise wohl auch keines Erlasses von ganz oben, wie man die Welt darzustellen habe. Im Laufe der Jahre hat jeder Mitarbeiter verinnerlicht, was man sagt und was man nicht sagt und wie man was (nicht) sagt. Falls überhaupt jemand einen eigenen Blick auf die Dinge hat, dann gibt er ihn garantiert jeden Morgen beim Pförtner ab. Die Nachrichtenereignisse kommen aus den Tickern, von den Pressestellen der wichtigen Institutionen oder vom Bildergroßhandel der European Broadcast Union. Und der letzte Schliff täglicher Feinabstimmung darüber, was heute wichtig gewesen sein soll und wie man das verkauft, geschieht im kollektiven Konsens des täglichen Konferenzmarathons. An einem ganz normalen Tag bringt man es leicht auf ein halbes Dutzend und mehr solcher Versammlungen in verschiedener Mannschaftsstärke. Manche dauern bloß ein paar Minuten, manche gelegentlich eine Stunde. Dabei geht es natürlich um Organisation, Terminabsprachen, Verteilung der Beiträge auf verschiedene Sendungen und Ähnliches. Doch im Kern dreht sich das Palaver um die Selbstüberwachung im durchaus hierarchisch gestaffelten Kollektiv.

Extern wird dieses Team wiederum beobachtet von der obersten Leitungsebene der ARD, die sich täglich um 14 Uhr zur großen Schalte akustisch zusammenschließt und in der die Chefredakteure der verschiedenen ARD-Anstalten ihre

Meinungen und Wünsche kundgeben. Und in dieser Konstellation entsteht die Rahmenperspektive, in die die *Tagesschau* ihre Nachrichten stellt. Um es anhand eines in jenen Tagen gerade aktuellen und ständig diskutierten Beispiels zu sagen: Ob man das Walten der USA im Irak als schwirige Demokratisierungsmission, als militärischen Irrtum, als politisches Scheitern oder imperiale Anmaßung darzustellen beliebt, das hängt nicht von begründbaren Argumenten und gewiss nicht vom »Grundgesetz der *Tagesschau*« ab, das hängt von den gerade gültigen politischen Sprachregelungen ab, die sich die *Tagesschau* exakt zu eigen macht. Die entscheidende Frage heißt: Kann die *Tagesschau* diesen Krieg überhaupt objektivieren? Das Problem ist, dass die *Tagesschau* Objektivität faktisch laufend simuliert – und zwar in präziser Abstimmung mit dem herrschenden politischen Konsens.

Das Hauptprodukt: *Tagesschau* 20 Uhr – »Hier ist das Erste Deutsche Fernsehen mit der *Tagesschau*«, sagt Punkt 20 Uhr Jan Hofer aus dem Off. »Guten Abend, meine Damen und Herren«, sagt Ellen Arnhold.

I. Irak-Bericht, vorgelegte Zeit: 0.12 – 2.22

Sprecherin: Die unabhängige US-Kommission zur Irak-Politik hat heute Präsident Bush ihren mit Spannung erwarteten Bericht vorgelegt. Seit März hatte das Gremium unter dem ehemaligen US-Außenminister Baker gearbeitet. Die Kommission bewertet die Lage in dem Golfstaat als sehr ernst und warnt vor einem Abgleiten ins Chaos. Die Experten empfehlen sowohl militärisch als auch diplomatisch einen Strategiewechsel. US-Präsident Bush ist nicht an die Vorschläge gebunden.

Filmbericht: (0.40) Mit der geballten Macht von politischer Erfahrung, Kompetenz und Überparteilichkeit hat die sogenannte Baker-Kommission nach einem Ausweg gesucht. Konsens und Pragmatismus hätten sie geleitet, so die beiden Vorsitzenden. Aber eine Zauberformel gäbe es nicht.

O-Ton: (Lee Hamilton) Die Aufgabe ist gewaltig, sehr schwierig, aber es ist nicht aussichtslos.

O-Ton: (Baker) Wir empfehlen, nicht den Kurs zu halten. Dieser Ansatz ist nicht mehr brauchbar.

Film: (1.10) Dass sie den Stein der Weisen gefunden haben, bezweifeln sie selbst, aber sie fordern einen grundlegenden Kurswechsel. Anfang 2008 sollten alle Kampfbrigaden abgezogen werden. Man solle sich auf die Ausbildung der irakischen Armee konzentrieren. Iran und Syrien sollen einbezogen werden. Und der israelisch-palästinensische Konflikt müsse gelöst sein.

O-Ton: (Lee Hamilton) Man muss einen Gesamtansatz haben, und das haben wir mit diesen 79 Empfehlungen versucht.

Film: Präsident Bush hatte bereits am Morgen bei der Übergabe des Berichts im Weißen Haus zugesagt, die Vorschläge ernsthaft zu prüfen.

O-Ton: (Bush) Dieser Bericht könnte eine Gelegenheit sein, eine gemeinsame Lösung zu finden, nicht für die republikanische oder demokratische Partei, sondern zum Wohle des gesamten Landes.

Film: Vielleicht auch zum Wohle des Präsidenten, der so einen Weg aus der Sackgasse im Irak finden kann.

Aufsager: (2.00) Siegen wollte George Bush im Irak und nicht wanken und weichen. Jetzt haben ihm die Mitglieder der Baker-Kommission schriftlich gegeben, dass es einen Sieg nicht geben kann. Allenfalls Schadensbegrenzung. Bleibt die Frage, ob der Präsident einen Kurswechsel wirklich vollziehen wird. Der Druck aus der eigenen Partei und aus dem Volk wird ihm wohl kaum eine andere Wahl lassen.

Wie fast alle Sender an diesem und alle Zeitungen am folgenden Tag eröffnet die *Tagesschau* ihre Hauptausgabe mit einem Bericht über den Report der sogenannten Baker-Kommission. Und wie stets, wenn es um die Irak-Politik der USA geht, sieht die *Tagesschau* nur ein Problem: Wie lösen die Vereinigten Staaten ihr Problem im Irak? Man könnte zugespitzt sagen: Der Irak kommt bei dieser Berichterstattung überhaupt nur vor, wenn Amerikaner Schwierigkeiten mit dem Irak haben.

Die 130 Sekunden des Aufmachers der *Tagesschau* vom 6. Dezember 2006 erlauben, die Prinzipien dieser Berichterstattung zu umreißen: »Konsens und Pragmatismus« leiten die *Tagesschau*, wenn sie allabendlich ihre Zuschauer auf die allerselbstverständlichste Art zu Mitwissern eines ungeheuren Verbrechens macht, nämlich eines barbarischen und durch nichts zu rechtfertigenden und relativierenden Angriffskrieges. Weder an diesem noch an irgendeinem anderen Tag bringt die *Tagesschau* die Sache auf diesen Punkt. Sie macht einfach den Krieg zu einem Faktum der amerikanischen Politik. Und sie weigert sich gleichzeitig zu beschreiben, inwieweit dieser Krieg weltpolitische Realitäten umdefiniert. Nichts berechtigt die USA, sich zum Herrn der Welt zu machen. Doch die *Tagesschau* macht das unerträgliche Faktum zur Norm. Allein diese Tatsache genügte, um der *Tagesschau* ein für alle Male das Selbstverständnis als Instrument der freien Meinungsbildung abzusprechen.

Andererseits kann man nicht sagen, die *Tagesschau* mache sich – von Ausnahmen abgesehen – zum glühenden Propagandisten dieses Krieges. Sie hält sich exakt an die Vorgaben der parlamentarischen Mitte: Sie betrügt sich und ihr Publikum um die Wahrheit dieses Krieges. Entschlossen behandelt sie diesen Krieg als eine Angelegenheit der USA und – ganz am Rande – ihrer Alliierten. Das heißt, konsequent wird das wahre Ausmaß der katastrophalen Folgen dieses Krieges für den Irak, für die Region und für die Stabilität der Weltpolitik ausgeblendet, und ebenso konsequent erscheint dieser Krieg als Thema der amerikanischen Innen- und Außenpolitik. Wie viele tote Amerikaner gibt es im Irak? Welche Auswirkungen hat der Krieg auf das Ansehen des Präsidenten? Gelingt es den Demokraten erfolgreich, den Irak zum Wahlkampfthema zu machen? Und da lauert dann gelegentlich auch die Verlegenheitslösung für diese Sorte Nachrichten: der Mythos der amerikanischen Demokratie. Und die hat an diesem Abend mal wieder einen großartigen Auftritt: Stahlgraue Senatoren und politische Honoratioren verkünden Lösungen.

Weder für diesen Beitrag noch die folgenden Beiträge bedarf es einer gesonderten Bildbeschreibung. Man liest den Text, dann stellen sich von selbst die alten, die ewigen Bilder ein: entschlossene Männer, die »geballte Kompetenz«, die in holzgetäfelten Sälen vor amerikanischen Flaggen der Welt ihr Schicksal erläutern. Gut möglich, dass dem inneren Auge ein Nixon dazwischenrutscht. Ganz falsch wäre das nicht.

Die Weisheiten, die diese Inbilder der amerikanischen Demokratie an diesem Tage verkünden, wären allerdings jedem Amateur eingefallen, der über einen Strategiewechsel in der amerikanischen Irak-Politik nachdenkt: Truppenabzug, Stärkung der irakischen Ordnungskräfte, diplomatische Großoffensive in der Region und die Lösung des palästinensisch-israelischen »Konflikts«.

Man muss gerecht sein: Der Bericht der Baker-Kommission beschäftigt sich durchaus mit den Chancen, die ein souveräner irakischer Staat bei dieser Politik hätte. Die *Tagesschau* nicht. Sie hält sich schlicht und einfach an die von George W. Bush ausgegebene Perspektive, der behauptet, in diesem Papier die

Möglichkeit für eine Lösung zum »Wohle des gesamten Landes« zu sehen – und gemeint sind damit ausschließlich die Amerikaner. Grob gesagt sind aber fast alle Überlegungen zum Wohle des amerikanischen Volkes schier obszön angesichts der Verheerungen, die sie im Irak angerichtet haben und immer noch anrichten.

Doch auch wenn die *Tagesschau* sich diese enge amerikanische Perspektive zu eigen macht, so gelingt es ihr nicht einmal, diese bescheidene Aufgabe zu vertiefen. Denn wenn man schon so zwanghaft auf die inneramerikanischen Konstellationen fixiert ist, wie kann einem dann das wahrhaft Verblüffende entgehen: die Kommission selbst. Man stelle sich im eigenen Lande ein fraktionsübergreifendes Gremium vor, bestehend beispielsweise aus Hans-Dietrich Genscher, Peter Struck, Horst Seehofer, Friedrich Merz und ein paar anderen Herrschaften dieser Güte, die Angela Merkel Vorschläge unterbreiten, wie sie aus der Sackgasse ihrer Politik herausfinden könnte. Für jeden wahrhaft neugierigen, aufs Neue gierigen Journalisten müsste doch in diesem Kuriosum selbst das erklärungsbedürftige Ereignis bestehen. Doch für die *Tagesschau* hieße das, wieder den Blick auf etwas zu werfen, was absolut nicht gesehen werden darf: die grotesken Verwerfungen der US-amerikanischen Demokratie.

Aus all diesen Zwängen und Engen heraus erklärt sich vielleicht auch, warum die Washington-Korrespondentin der ARD, Christiane Meier, in ihrem abschließenden Aufsager eine komplett falsche Prognose stellt, die auf unvollständigen Informationen beruht. Es genügt, die Kommentare zu lesen, die am nächsten Tag in den internationalen Zeitungen erscheinen: Durchweg fallen die Einschätzungen über die Folgen der Baker-Kommission deutlich skeptischer aus. Aus einem einfachen Grund: George W. Bush hatte in seiner Weisheit nämlich längst zwei Gegengutachten bei Institutionen seines Vertrauens in Auftrag gegeben. Doch wahrscheinlich sieht sich ein Massenmedium wie die *Tagesschau* genötigt, ihre News neuer und folgenreicher zu machen, als sie tatsächlich sind.

II. Straßenbau in Südafghanistan, 2.22–3.10

Spr.-in: In Südafghanistan haben Bauarbeiter mit dem Bau einer Straße begonnen im Auftrag der Bundesregierung. Es handelt sich um das bislang größte deutsche Wiederaufbauprojekt in der umkämpften Region.
[Landkarte im Bild] Die Straße soll westlich der als Taliban-Hochburg geltenden Stadt Kandahar beginnen und die Schnellstraße mit dem Distrikt Pandschwai verbinden. Die Kosten in Höhe von einer Millionen Euro trägt das Auswärtige Amt. Den Bau übernehmen einheimische Arbeiter.
Nachricht im Film: (2.50) In Kandahar sind heute bei einem Selbstmordanschlag acht Menschen getötet worden. Der Täter sprengte sich vor den Büros einer US-Sicherheitsfirma in die Luft. Dabei kamen auch zwei Amerikaner ums Leben. Zu der Tat bekannten sich die radikalislamischen Taliban, die die vom Westen unterstützte Regierung des Landes bekämpfen. Das war bereits der dritte Anschlag in den vergangenen drei Tagen.

Der erfahrene *Tagesschau*-Beobachter ringt stets mit einem Problem: seiner Müdigkeit infolge hoher Voraussagbarkeit der Nachrichten und ihrer rituellen Sprache. Doch gelegentlich gelingt der *Tagesschau* ein Überraschungscoup. Und die zweite Meldung dieser *Tagesschau*-Ausgabe darf man als eine solche betrachten. Entweder es handelt sich hier um einen halbwegs irren Einfall der Ablaufregie, oder es geht im Gegenteil um hochpolitische Propaganda. Den deutschen Straßenbau in Südafghanistan würdigt die Presse des nächsten Tages fast nirgendwo. Kein Wunder, denn die Bundesregierung hatte den Beschluss bereits am 24. November verkündet, und er wurde seinerzeit durchaus in der Presse kritisch problematisiert, von der *Tagesschau* aber nicht einmal erwähnt. Wieso erscheint dann diese Nachricht über den Beginn der Bauarbeiten an so prominenter Stelle in der Hauptausgabe der *Tagesschau*?

Vielleicht wollte uns die Redaktion daran erinnern, dass wir selbst an ein paar Kriegen im Schulterschluss mit den Vereinigten Staaten beteiligt sind – uns zugleich aber die heiklen politischen Diskussionen über den Straßenbau ersparen und uns lieber gleich vor vollendete Tatsachen stellen.[33] Und man will uns bei dieser Gelegenheit auf die bevorstehende Ausweitung der Kampfzone nach Südafghanistan vorbereiten. Dabei geht es weniger um Aufbauhilfe als vielmehr um Kampfoperationen im Rahmen der Mission »Enduring Freedom«. Und es wäre gut möglich, dass die Bundesregierung die Sicherung des Straßenbaus als Vorwand nimmt, um die von der überwältigenden Mehrheit der Bevölkerung abgelehnte Ausdehnung von Kampfeinsätzen in Afghanistan endlich durchführen zu können. Prompt erinnert uns die folgende Nachricht im Film über das Selbstmordattentat in Kandahar an den Kriegszustand in dieser Region. Mit einiger Sicherheit darf man vermuten, dass die Straße eher militärstrategische denn zivile Bedeutung hat. Von Wiederaufbau kann in dieser umkämpften Gegend überhaupt keine Rede sein. Kurzum, von keiner aktuellen Nachrichtenlage motiviert scheint es eher so, dass die *Tagesschau* den politischen Absichten unserer Volksvertreter schon mal das Terrain bereitet. Womöglich fällt das unter das Informationsziel »Davon habe ich schon mal gehört«, wie Chefredakteur Kai Gniffke es formuliert hat.

---

33 Auch darauf werden wir später noch eingehen.

III. Bilanz der Fußball-WM, 3.10–5.17

Spr.-in: Die Bundesregierung hat eine positive Abschlussbilanz der Fußballweltmeisterschaft gezogen. Innenminister Schäuble sagte bei einer gemeinsamen Pressekonferenz mit DFB-Präsident Zwanziger: Die WM sei sportlich, wirtschaftlich und sicherheitspolitisch ein voller Erfolg gewesen. Die heimische Wirtschaft habe Mehreinnahmen in Milliardenhöhe verzeichnet. Zehntausende Arbeitsplätze seien entstanden. Besonders hervor hob Schäuble das positive Deutschlandbild, das die WM bei ausländischen Gästen und im eigenen Land vermittelt habe.

Film: (3.38) Das Fest der Ausgelassenheit und Fremdenfreundlichkeit liegt fünf Monate zurück. Zeit, Bilanz zu ziehen. Zwei Millionen Schlachtenbummler waren aus dem Ausland angereist und erlebten ein fröhliches und gastliches Deutschland. Auf 200 Seiten stellten Wolfgang Schäuble und der Präsident des DFB den Ertrag der Fußballweltmeisterschaft vor:

O-Ton: (Schäuble) Und dass das Deutschlandbild im Ausland, nach den auswärtigen Leuten des Auswärtigen Amtes, durch die Weltmeisterschaft eine enorme Aufwertung erfahren hat, wird auch nicht bezweifelt. Aber es darf, aber es muss in die Bilanz einbezogen werden. Es war eine wirkliche Werbeaktion gegen Ausländerfeindlichkeit und für Integration.

Film: Der Präsident des Deutschen Fußballbunds, Theo Zwanziger, hat weiteren politischen Nutzwert ausgemacht.

O-Ton: [Zwanziger im Interview] Uns ist wichtig, das wiedervereinigte Deutschland und die Menschen, die jetzt hier wieder zusammenleben, in der Welt zu präsentieren als ein friedliches, als ein fröhliches Land. Und ich denke, das haben wir geschafft.

Film: Aber auch der wirtschaftliche Erlös kann sich sehen

lassen. [veranschaulicht durch Graphiken] Im Gastgewerbe stieg der Umsatz um 300 Millionen Euro. Der Einzelhandel hat 2 Milliarden zusätzlich eingenommen. 50.000 Arbeitsplätze sind geschaffen worden. Freilich, viele von ihnen zeitlich begrenzt.
(5.00) [Übergang zu *Deutschland. Ein Sommermärchen*]
Film: Kultur und Fußball scheinen auf den ersten Blick sich fremd zu sein. Diese WM hat jedoch einen Film hervorgebracht, dem es gelingt, beides zu vereinen: *Deutschland. Ein Sommermärchen*. Eine wundervolle Gelegenheit, die schönen Juni/Juli-Tage noch einmal zu erleben. Heute Abend gleich nach der *Tagesschau*.

Sollte die *Tagesschau* beabsichtigen, peinliche Selbstinszenierungen der Bundesregierung eins zu eins dem Zuschauer zu übermitteln, dann darf man ihr eine glatte Übererfüllung des Solls attestieren. Allein die unkommentierte, erkennbar verlogene Aussage eines Theo Zwanziger vom glücklich und fröhlich wiedervereinten Volk verdiente eine Extraauszeichnung.

Beginnen wir mit der sonderbaren Bezeichnung »Bilanz« für die seltsame Veranstaltung. Hier wird nur Gewinn ausgewiesen. Unterschlagen werden die horrenden Unkosten. Immerhin findet sich in der Bilanz-Broschüre des Bundesministeriums des Inneren versteckt ein Hinweis darauf, dass die Bundesrepublik sich mit fast 900 Millionen Euro an Neu- oder Umbauten von Fußballstadien beteiligt habe. Damit hätte sie jede verkaufte Eintrittskarte während der WM mit ca. 750 Euro subventioniert. Nicht erwähnt werden die Kosten für städtebauliche und Verkehrsmaßnahmen in Höhe von ca. 4,7 Milliarden Euro. Und die immensen Sicherheitskosten sind ebenfalls nirgends ausgewiesen. Florian Treiss[34] hat im

---

34 Florian Treiss, »Wachstumspille oder Milliardengrab?«, *Berliner Zeitung*, 24. Juni 2005.

Vorfeld insgesamt eine Summe von ca. 6,5 Milliarden Euro an Gesamtkosten mühsam errechnet – eine offizielle Gesamtkalkulation über die Kosten für die öffentliche Hand bei der WM hat es nämlich nie gegeben, bloß die ständige Versicherung, dass die ganze Veranstaltung große volkswirtschaftliche Gewinne abwerfen werde.[35] Wenn man bedenkt, dass allein *adidas* – eine Firma, die bekanntlich fast keines ihrer Produkte in Deutschland fertigen lässt – durch die WM 1,2 Milliarden Euro umgesetzt hat, dann lässt sich leicht ahnen, welche Sorte von Arbeitsplätzen da entstanden und rasch vergangen ist, und zu welchen Löhnen. Zieht man schließlich in Betracht, dass seinerzeit Wirtschaftsminister Clement eine gesamtvolkswirtschaftliche Steigerung um über acht Milliarden Euro vorgerechnet hat, dann nimmt sich demgegenüber der jetzt ausgewiesene »Gewinn« doch eher wie ein recht hoher Verlust aus. Der mag verkraftbar sein, nur sollte man die Dinge schon beim Namen nennen.

Für Schäuble, Zwanziger und die *Tagesschau* scheint es eher auf den immateriellen Mehrwert anzukommen, der sich erst später rechnet. Die Fans haben sich als Statisten in einem riesigen Werbefilm glänzend bewährt. Nur haben Schäuble und die *Tagesschau* offenbar vergessen, dass die Bundesregierung, teilweise im Verbund mit dem BDI, während der WM und in ihrem Vorfeld tatsächlich gigantische PR-Kampagnen zum Thema bezahlt hat: »Die Welt zu Gast bei Freunden« und »Deutschland – Land der Ideen«. In der ihm eigenen ver-

---

35 Im April 2007 veröffentlichte das »Deutsche Institut für Wirtschaftsforschung« eine ökonomische Bilanz von Karl Brenke und Gert G. Wagner »*Zum volkswirtschaftlichen Wert der Fußball-WM 2006 in Deutschland*« (*DIW Research Notes 19*) und kommt zum Ergebnis: »Von der in Deutschland 2006 ausgetragenen Fußball-WM sind erwartungsgemäß keine nennenswerten konjunkturellen Impulse ausgegangen.« Ebenso habe die WM für keinerlei »Entspannung« auf dem Arbeitsmarkt gesorgt.

drucksten und humorlosen Art versucht Schäuble sodann den angeblichen Prestigegewinn zu beschreiben, den »auswärtige Leute des Auswärtigen Amtes« festgestellt hätten. Die Prestigebuchhaltung kann man dann »genau« in der Broschüre nachlesen: Es handelt sich um ein halbes Dutzend Zitate aus Mitteilungen von deutschen Botschaftern im Ausland. Um nur ein besonders abstoßendes Beispiel aus der Stockholmer Gesandtschaft zu zitieren: »Die WM hat die Marke Deutschland mehr verbessert, als es eine Million politische Pressekampagnen bewirkt hätten.« Die Einschätzung des Bundesaußenministers Frank-Walter Steinmeier in dieser Bilanz-Broschüre über die Neubewertung der »Marke Deutschland« ist so platt wie unbegründet. Politisch gesehen geht es wohl darum, ob die Deutschen noch vergangenheitsüberschattet gesehen werden oder ob man allmählich auf »Normalmentalität« umstellen kann, also Befreiungskriege führen und die deutsche Marine nach Israel schicken darf.

Das Schöne an diesem Werbefilm namens WM ist ja, dass die Statisten für die Dauer der Veranstaltung funktioniert haben. Allein, die »Werbeaktion für Fremdenfreundlichkeit und Integration«, von der der Innenminister faselt, ist in der Realität leider nie angekommen. Wilhelm Heitmeyer, Leiter des Instituts für interdisziplinäre Konflikt- und Gewaltforschung in Bielefeld, stellt just in diesen Dezembertagen seine Langzeitstudie zu »gruppenbezogener Menschenfeindlichkeit« vor. Demnach sind die im August nach der Weltmeisterschaft befragten Personen nationalistischer eingestellt gewesen als zuvor. Und die Forscher konnten sehr genau den Zusammenhang mit der WM belegen. Heitmeyer erklärt zu der Behauptung, dass Deutschland durch die Fußballweltmeisterschaft zu einer offenen und toleranten Form der Identifikation gefunden habe: »Das lässt sich empirisch nicht zeigen. Da werden Illusionen geschürt. Da lügt man sich was in die Tasche.« Und die *Tagesschau* gibt ihr Bestes dazu.

Vielleicht liegt es ja auch daran, dass der gesamte Beitrag als Werbefilm in eigener Sache funktionieren soll, weil er nämlich so unverhohlen auf den anschließend nach der *Tagesschau* laufenden und von der ARD finanzierten Film *Deutschland. Ein Sommermärchen* verweist. Wer allerdings in diesem Film sieht, wie Trainer Klinsmann seine Mannen auf die Vernichtung des Feindes draußen auf dem Feld einstimmt, für den müsste die Rede vom Fest der »Fremdenfreundlichkeit« wie purer Hohn klingen.

Dem Bemühen, den Propagandafilm vom Sommermärchen nicht zu trüben, ist wahrscheinlich die folgende separate Meldung zur Realität um den Fußball geschuldet:

IV. Maßnahmen gegen Fußballkrawalle, 5.17–5.45

Spr.-in: Um die jüngsten Krawalle in den deutschen Fußballstadien ging es heute in Frankfurt am Main. Dort tagte erstmals die neue Arbeitsgruppe von DFB und Ligaverband gegen Gewalt, Rassismus und Fremdenfeindlichkeit. Als erste konkrete Maßnahme wurde ein neues Meldesystem beschlossen. Regelmäßige Berichte aus den Landesverbänden sollen die Arbeitsgruppen über Vorfälle auch in den unteren Spielklassen auf dem Laufenden halten. Außerdem sollen die Sicherheitsstandards im Amateurbereich angehoben werden.

Es ist fast schon komisch zu beobachten, wie sich die *Tagesschau* im Anschluss an das Märchen vom rundum glücklichen Sommermärchen der real existierenden Fußballrealität im fröhlich wiedervereinten Deutschland annimmt. Natürlich verdiente auch diese Meldung eigentlich nicht die vierte Stelle der Hauptausgabe der *Tagesschau*. Die Gewalt verdiente die Beachtung, die hier vorgestellten Maßnahmen wohl kaum. Es ist aber eine beliebte Technik der öffentlich-rechtlichen Fernsehnachrichten, komplexe Realitäten in disparate und fragmentarische Meldungen zu zerlegen und unverbunden nebeneinander stehen zu lassen. Man stellt Informationen bereit, nun soll der Zuschauer selbst seine Schlüsse daraus ziehen. Doch in Wahrheit kann der Zuschauer zwischen Meldung III und Meldung IV keinen Zusammenhang herstellen.

V. DGB-Vorschlag zu Arbeitslosengeld I, 5.45 – 7.47

Spr.-in: Der Deutsche Gewerkschaftsbund hat heute einen eigenen Vorschlag zum Arbeitslosengeld I vorgelegt. Er unterscheidet sich deutlich vom Konzept der CDU. Nach den Vorstellungen des DGB soll die Bezugsdauer nach Lebensalter gestaffelt werden und nicht, wie von der CDU vorgesehen, nach der Dauer der Beitragszahlungen. In den Parteien stieß der Vorschlag des DGB auf ein geteiltes Echo.

Film: (6.08) Von der Werkbank zu Hartz IV. Ältere Arbeitnehmer haben kaum noch eine Chance, wenn sie einmal ihren Job verloren haben. Deshalb wollen die Gewerkschaften, dass sie – abhängig vom Lebensalter – länger ALG I bekommen. Laut DGB sollen über 45-Jährige künftig 15 Monate Arbeitslosengeld I erhalten, über 50-Jährige 18 bis 24 Monate, je nachdem, wie lange sie in den vergangenen fünf Jahren beschäftigt waren. Die CDU hat beschlossen, den Bezug von Arbeitslosengeld I nach Beitragsjahren zu staffeln. Die SPD ist dagegen. Der DGB auch.

O-Ton: (Annelie Buntenbach, DGB) Unser Vorschlag ist sozial gerechter, deswegen, weil das Binden der Leistung Arbeitslosengeld an die Beitragsjahre dazu führen würde, dass Menschen in derselben Lebenssituation ganz unterschiedliche Ansprüche hätten.

Film: Für ältere Arbeitslose soll es keine Rolle mehr spielen, wie lange sie in die Arbeitslosenversicherung einge-

zahlt haben. Finanziert werden soll das mit einer geringeren Senkung der Versicherungsbeiträge. Die Union lehnt das zwar ab, sieht in dem Vorschlag aber eine Art Schützenhilfe für ihre eigene Idee.
O-Ton: (Jürgen Rüttgers, CDU) Die Gewerkschaften sagen, ihr von der SPD müsst euch von der Stelle bewegen. Und an der Stelle, glaube ich, hat der DGB recht.
Film: (7.20) Doch die SPD setzt vor allem auf die Wiedereingliederung älterer Arbeitnehmer.
O-Ton: (Jens Bullerjahn, SPD) Deshalb muss auch der DGB, muss auch Rüttgers erkennen, das, was dort vorgeschlagen wird, wird nicht greifen und ist für den Einzelnen auch nicht gut.
Film: Die Arbeitsmarktreformen der Regierung Schröder sind für die SPD nach wie vor grundsätzlich der richtige Weg.
Aufsager: (Christian Thiels) Mit ihrem Vorschlag wollen sich die Gewerkschaften öffentlich als besonders sozial profilieren. Und außerdem die SPD unter Druck setzen. Denn viele im DGB würden die Hartz-Reformen am liebsten rückgängig machen.

Zwei Minuten lang begibt sich die *Tagesschau* in das Labyrinth des Sozialstaats, um sich vor laufender Kamera gründlich darin zu verirren. Mag sein, dass der DGB-Vorschlag nicht besonders tiefsinnig ist, doch er ist allemal tiefsinniger angelegt, als die *Tagesschau* auch nur bereit wäre sich vorzustellen. Es geht dem DGB weniger darum, dass ältere Arbeitnehmer unwesentlich länger in den Genuss einer meist etwas besseren Versorgung kommen, sondern dass sie nicht bereits nach zwölf Monaten Arbeitslosigkeit der Hartz-IV-Fürsorge anheimfallen – mit allen Konsequenzen, zu denen vor allem gehört, dass es meistens keine Rückkehr mehr gibt. »Ein längerer Arbeitslosengeldbezug für Ältere schiebt den Übergang in das Hartz-IV-System hinaus oder vermeidet ihn im besten Fall«, heißt es in dem Papier des DGB. Das wäre zu diskutieren.

Doch *Tagesschau*-Autor Christian Thiels macht daraus entschlossen ein Stück über Parteienstreit. Der O-Ton von Annelie Buntenbach vom DGB lässt die Sache dann auch so aussehen. Allerdings scheint das Statement aus dem Zusammenhang gerissen, denn so ist es schlicht unverständlich. Ebenso kryptisch wie die Äußerung von Jürgen Rüttgers, der hier als Sprecher der CDU erscheinen soll und scheinbar dem Vorschlag zustimmt. Der redet aber offenbar über etwas anderes. In Wahrheit hat die CDU in Gestalt ihres Generalsekretärs Ronald Pofalla die Initiative des DGB rundweg abgelehnt.[36] Und so melden es auch zwei Stunden später die *Tagesthemen*. Die Verwirrung vollendet sich durch die Aussage von Jens Bullerjahn von der SPD, der so tut, als ob DGB und CDU am selben Strang ziehen.

Und nach all diesen Irrungen und Wirrungen entzündet Autor Christian Thiels in seinem abschließenden Aufsager endlich die Fackel der Erleuchtung: Die Gewerkschaften wollten sich mit ihrem Vorschlag bloß »als besonders sozial profilieren«. Wer hätte das gedacht? Doch konsequent für einen Beitrag, der einen wie auch immer zu beurteilenden Vorschlag des DGB als reine parteipolitische Strategie darzustellen beliebt. Denn Politik gibt es für die *Tagesschau* stets nur in Gestalt von Politikern, die ihre Politik wiederum stets nur als Differenz zu anderen Politikern beschreiben können. Und die *Tagesschau* hat wieder einen unübertrefflichen Beitrag zur Unbegreiflichkeit der Welt geliefert. Aus schlechten Informationen werden dümmliche Deutungen – alles in zwei Minuten.

---

36 S. *FAZ*, 7. Dezember 2006.

Doch glücklicherweise verlässt die folgende Meldung die Niederungen des Parteiengezänks und widmet sich dem präsidialen Überblick.

VI. Demographischer Wandel, 7.47–8.12

Spr.-in: Bundespräsident Köhler hat eine Stärkung der Familie gefordert, um einer Überalterung der Gesellschaft entgegenzuwirken. Auf einem Forum zum demographischen Wandel kritisierte er, Politik und Infrastruktur seien an überholten Vorstellungen ausgerichtet. Die Anerkennung von familiären Leistungen müsse sich stärker bei den Steuern und in der Sozialversicherung widerspiegeln. In den Familien werde das soziale Netz gesponnen, das die Gesellschaft zusammenhalte.

Es ist zugegebenermaßen nicht ganz einfach, in präsidialen Gesinnungsreden ein Stück relevanter Information zu entdecken. Doch die *Tagesschau* schafft es mit verblüffender Sicherheit, die – wenn auch versteckte – Brisanz von Köhlers Rede zu verpassen. »Familien aber brauchen zeitgemäße Strukturen, sie brauchen eine Gesellschaft, die ihnen Zeit lässt und Raum gibt. (...) Die Verpflichtung zur permanenten Verfügbarkeit, die Notwendigkeit, mobil zu sein und immer länger und flexibler zu arbeiten – all das hat dazu geführt, dass die verlässliche Zeit für Familie und Partnerschaft geschwunden ist«, hatte der Bundespräsident erklärt. Solche Hinweise auf die Schutzbedürftigkeit der Familie vor der ökonomischen Aggressivität der Gesellschaft gehen doch deutlich über die Allgemeinheiten hinaus, die die *Tagesschau* von Köhlers Auftritt wiedergibt. Besonders interessant wird es dann, wenn solche Forderungen aus dem Munde einer anerkannten Koryphäe des Neoliberalismus kommen. Schließlich gehört Köhler sonst zu den Ersten, die radikale Deregulierungsmaßnahmen fordern, die Enthaltsamkeit des Staates von aller Fürsorge. Worauf lässt das schließen? Auf einen einfachen Widerspruch im neoliberalen Weltbild, oder aber geht es darum, Konsequenzen zu ziehen aus dem Neoliberalismus? Je mehr sich der Staat von gewissen Aufgaben zurückzieht, umso mehr ist die Familie gefordert. Weshalb der Staat die Familie stark machen muss – womit wir wieder bei den neoliberalen Paradoxien wären. Die uralte Phrase von der Familie als Keimzelle der Gesellschaft, die Köhler hier aufgreift, bedürfte jedenfalls dringend einer Situierung in den aktuellen Kontexten des Neoliberalismus. Man kann von der *Tagesschau* keine Antwort erwarten, doch wenigstens einen Hinweis auf den Fragebedarf.

Die Familie scheint zur Zeit vor allem das Modell von Großkonzernen zu sein, wie der nächste Beitrag zeigt, wo es um Mutterkonzerne und Tochtergesellschaften geht – und Väter: Vorstandsvorsitzende.

VII. Künftige Strategien, 8.12 – 10.02

Spr.-in: Der neue Telekom-Chef Obermann hat heute auf einer Pressekonferenz in Bonn seine künftige Strategie skizziert. Dazu gehören für ihn ein besserer Kundenservice und eine engere Zusammenarbeit der verschiedenen Unternehmenssparten. Grundsätzlich will Obermann den Kurs seines Vorgängers fortsetzen, auch was den Abbau von Arbeitsplätzen angeht.

Film: Die neue Vorstandsmannschaft von René Obermann besteht aus engen Vertrauten, Managern, mit denen er schon bei der Mobilfunk-Tochter T-Mobile zusammengearbeitet hat. So gilt Timotheus Höttges als neuer starker Mann, verantwortlich für das ganze Privatkundengeschäft im so wichtigen Heimatmarkt Deutschland. In den kommenden drei Monaten soll die Führungsmannschaft die

Neuausrichtung erarbeiten. Die Personalien liegen auf dem Tisch. Jetzt muss aus ersten vagen Konzepten eine handfeste Strategie werden.

O-Ton: (Obermann) Das Unternehmen muss kostengünstiger werden. Das muss auch das Ziel sein. Die Frage ist nur das Wie und in welchem Detail wir das erreichen. Auch hier bitte ich um Ihr Verständnis, dass wir dafür etwas Zeit brauchen.

Film: (9.12) Gleichzeitig muss die Telekom aber auch für ihre Kunden attraktiver werden. Auch in der kommenden Zeit werde der Kundenschwund weiter anhalten, hieß es heute in Bonn. Neue Kombiprodukte aus Festnetz, Mobilfunk und Internet sollen diese Entwicklung stoppen. Außerdem will die Telekom das Unternehmen mit dem besten Service werden. Eine schwierige Aufgabe.

O-Ton: (Obermann) Das Bild, was ich mir von der Service-Situation mache, ist, glaube ich, einigermaßen realistisch. Und ich muss feststellen, es gibt erheblichen, massiven Verbesserungsbedarf.

O-Ton: (Torsten J. Gerpott, Universität Duisburg) Die Telekom ist ein Unternehmen, das als großer Konzern große Schwierigkeiten haben wird, diese Kundenfreundlichkeit kurzfristig in die Tat umzusetzen. Das erscheint mir als langfristiges Programm realistisch, kurzfristig eher nicht.

Film: (9.38) Ein Kraftakt für René Obermann: mehr Service, weniger Kosten, die Kunden glücklich machen, aber auch die Investoren. In den kommenden Monaten wird der Neue beweisen müssen, dass er wirklich der beste Mann an der Spitze der Telekom ist.

Knapp zwei Minuten ist der *Tagesschau* diese Personalie aus dem Großkonzern Telekom wert. Die wäre allenfalls interessant, wenn sich hinter der Person von René Obermann auch nur die Kontur eines neuen Programms erkennen ließe. Doch wie der Bericht selbst berichtet: Davon kann kaum die Rede sein. Es geht weiter wie gehabt: Personalabbau, Kostensenkung usw. Der Service sei in schlechtem Zustand, behauptet der neue Mann, der doch immerhin seit Jahren an führender Stelle im Konzern tätig war. Sollte er das im Ernst vorher nicht begriffen haben – und auch sein Vorgänger nicht? Insofern erstaunt es nicht, dass der Kraftakt, den Obermann zu vollbringen haben werde, als ein Gemisch aus Kostensenkung, Leistungssteigerung und Investorenbeglückung beschrieben wird. Darin dürfte sich so ungefähr jedes Wirtschaftsunternehmen wiedererkennen. Über die spezifischen Probleme der Telekom erfährt man zwei Minuten lang kein Wort.

Dieser Beitrag ist auch ein gelungenes Beispiel dafür, wie Wirtschaft in der *Tagesschau* konsequent als Betriebswirtschaft dargestellt wird. In dieser Perspektive erscheint dann auch der Abbau von Arbeitsplätzen als betriebswirtschaftliches Problem der jeweiligen Unternehmen. Niemals sieht man die von der Politik geschaffenen volkswirtschaftlichen Bedingungen für den verschärften und letztlich vermutlich volkswirtschaftlich ruinösen Wettbewerb der Unternehmen. Um Entlassungen nicht als unausweichliche Konsequenz eines mörderischen Systems beschreiben zu müssen, werden von Zeit zu Zeit moralische Empörungen lanciert: wie viel ein Ackermann verdienen darf und wie unanständig es doch sei, trotz enormer Gewinne Mitarbeiter zu entlassen. Dann enthebt Gratisentrüstung von einer korrekten Systembeschreibung, und eine laue Moral darf sich über ein paar Personen entrüsten, denen das außerordentlich gleichgültig sein dürfte.

VIII. Neuer Audi-Chef, 10.02–10.25

Spr.-in: Rupert Stadler soll neuer Vorstandschef der VW-Tochter Audi werden. Er übernimmt das Amt zunächst kommissarisch von Martin Winterkorn, der im Januar an die

Spitze des Mutterkonzerns wechselt, hieß es heute nach einer Aufsichtsratsitzung in Ingolstadt. Sein bisheriges Ressort Finanzen soll der 43-Jährige vorerst weiterführen.

Volkswirtschaft findet nicht statt in der *Tagesschau*. Stattdessen bietet man uns neckische Börsenberichte (die in der 20-Uhr-Ausgabe allerdings vorgeschaltet sind). Nun besitzen nur 12 Prozent aller Deutschen Aktien, und wahrscheinlich sind für diese wenigen Aktienbesitzer die Börseninformationen der *Tagesschau* nicht gerade aufschlussreich. Börsenberichte spiegeln auch nicht gerade die volkswirtschaftliche Situation. Doch bei der *Tagesschau* wird gerne so getan, als stünde die Entwicklung des DAX für die gesamtwirtschaftliche Entwicklung. Tatsächlich mag das in gewisser Weise sogar stimmen. Man vergleiche dazu die Entwicklung des DAX mit den Zahlen für Arbeitslosigkeit, Staatsverschuldung und Einkommensverlusten. So wird die *Tagesschau* das natürlich nicht meinen. Sie verweigert systematisch Einblicke in solche Zusammenhänge.

Volkswirtschaft wird sonst namentlich allenfalls in Gestalt von Sachzwängen erwähnt, die von Firmen betriebswirtschaftlich erlitten werden. Meist genügt es, ein Wort wie »Globalisierung« in die Runde zu werfen. Manchmal übernehmen differenzial-diagnostische Konzepte wie Kostensenkung, Lohnnebenkosten oder Heuschrecken den Rest an Erklärungsbedarf. Mehr wird man von Wirtschaft nie erfahren. Um am Ende aber noch dieses bisschen für das Fernsehen sichtbar zu machen, muss man dann wieder auf Männer zurückgreifen: Wirtschaftsführer, Kapitäne, Bosse usw. Männer wie Ferdinand Piëch, Josef Ackermann, Wendelin Wiedeking. Das Sonderbare an diesen Lichtgestalten besteht nun darin, dass sie in der Regel nur als Sprechblasen für die berühmten Sachzwänge auftauchen – als ihre Vollstrecker. Insofern könnte man die Darstellung solcher Personen schlicht kürzen, denn sie weigern sich, als Personen aufzutreten. Oder aber man müsste mal dazu übergehen, diese Personen als Programm kenntlich zu machen.

Rupert Stadler ist so eine Personalie, die vorgestellt wird, um nichts zu sagen.

IX. Schadenersatzklage gegen Zementhersteller, 10.25–10.52

Spr.-in: Die sechs führenden deutschen Zementhersteller müssen sich von heute an vor dem Düsseldorfer Landgericht verantworten. Es geht um Schadenersatzforderungen in Höhe von 114 Millionen Euro. Geklagt haben ehemalige Kunden. Ihr Vorwurf: Die Betonriesen sollen jahrzehntelang Absprachen getroffen und überhöhte Preise verlangt haben. Das Urteil soll im Februar fallen. Kommendes Jahr wird auch darüber verhandelt, ob die Firmen zusätzlich ein Bußgeld in Höhe von 660 Millionen Euro zahlen müssen.

Wirtschaft, die Dritte. Auch hier mag man grübeln, warum ausgerechnet diese Meldung es in die Hauptausgabe der *Tagesschau* geschafft hat. Zumal die *Tagesschau* es glatt hinbekommt, die Pointe der Geschichte zu versäumen, die dem Fall eine gewisse Aufmerksamkeit jenseits normaler Rechtsstreitigkeiten verschafft hat. Denn es geht hier um juristisches Neuland. Bereits vor drei Jahren hatte das Bundeskartellamt einer Reihe von großen Zementherstellern ein Rekordbußgeld in Höhe von 660 Millionen auferlegt. Das Neue an der Schadenersatzklage vor dem Düsseldorfer Landgericht bestand darin, dass das belgische Unternehmen CDC (Cartel Damage Claims) eine Sammelklage eingereicht hatte. CDC hatte die Schadenersatzansprüche von 29 geschädigten Firmen gekauft und vertrat deren Ansprüche jetzt im eigenen Namen. Eine derartige Sammelklage – nach amerikanischem

Vorbild – hatte es im deutschen Kartellrecht noch nicht gegeben. Doch genau darüber erfährt man bei der *Tagesschau* nichts. Und als am 21. Februar 2007 das Düsseldorfer Landgericht über eine Zulassung der Klage entschied, war das der *Tagesschau* keinen Hinweis mehr wert.

Warum die *Tagesschau* am 6. Dezember über die Angelegenheit berichtet, darüber kann man nur spekulieren. Vielleicht geht es hier eher um so etwas wie moralisches Design. Nachdem man ausführlich den nichtssagenden Lichtgestalten des Wirtschaftslebens gehuldigt hatte, wollte man jetzt vielleicht in unerinnerbarer Allgemeinheit an die dunklen Seiten unseres Wirtschaftslebens erinnern. Und jetzt darf es weitergehen mit Rauchzeichen der Gewalt.

X. Alarm nach Amokdrohung, 10.52–12.58

Spr.-in: Eine Amokdrohung im Internet hat heute in Baden-Württemberg für Aufregung gesorgt. Einige Schulen blieben geschlossen. Die Polizei war im Großeinsatz. Unklar ist noch, ob die Drohung mit dem Verschwinden eines 18-jährigen Schülers in Verbindung gebracht werden kann. Der Junge wurde am Nachmittag tot aufgefunden. Die Behörden verteidigten die umfangreichen Sicherheitsmaßnahmen.

Film: (11.14) Polizei vor Schulen. Schon wieder. Diesmal zwar vorsorglich, dafür aber in einem ganzen Bundesland. In Baden-Württemberg versetzte der angekündigte Amoklauf Schüler, Eltern und Lehrer in sorgenvolle Aufregung. Gestern hatten zwei rheinland-pfälzische Realschüler nach einem Killerspiel im Internet Kontakt zu einem namenlosen Mitspieler bekommen. Der drohte für heute mit einem Amoklauf in Baden-Württemberg. Der zuständige Kultusminister warnte daraufhin alle Schulen des Landes.

O-Ton: (Helmut Rau, CDU, Kultusminister Baden-Württemberg) Ich kann doch nicht riskieren, dass heute etwas passiert und ich habe nichts gemacht, obwohl ich einen Tag vorher etwas gewusst habe, dass möglicherweise Gefahr im Verzug ist. Ich hätte das mein ganzes Leben lang nicht verwunden.

Film: Wegen der Warnung blieben sogar Schulen geschlossen. Anderenorts verriegelten Klassen die Türen von innen. Aus Angst. War es richtig, die Warnung über Radio und Zeitung zu verbreiten? Das ist umstritten.

O-Ton: (Ute Voigt, SPD) Die Gefahr, dass durch eine solche Generalwarnung Trittbrettfahrer animiert werden, überhaupt erst tätig zu werden, die halte ich für ziemlich hoch.

O-Ton: (Günther Oettinger, CDU, Ministerpräsident) Die Kritik ist schlichtweg abwegig, zu glauben, dass man 2000 Schulleiter und Schulleiterinnen informieren kann, die wiederum Lehrer und Kollegen informieren, aber nicht die Medien, ist schlichtweg Blödsinn.

Film: (12.31) In Offenburg wurde am Morgen von der Polizei ein Gymnasium regelrecht umstellt. Ein 18-jähriger Schüler war von seinem Vater vermisst gemeldet worden. Er hatte zu Hause eine Waffe entwendet. Nachmittags die Meldung: Der Junge hat sich erschossen. Ob er allerdings der anonyme Internet-Mitspieler ist, ist völlig offen. Solange das nicht klar ist, bleibt die Warnung vor einem Amoklauf gültig. Allerdings forderte das Kultusministerium die Eltern auf, die Kinder morgen wieder in die Schule zu schicken.

Die vorletzte Nachricht dieser *Tagesschau* – und eine der ausführlichsten – handelt von nichts als einem traurigen Fehlalarm und wäre allenfalls bemerkenswert als Studie über eine hysterische Stimmung, die von Medien gerne geschürt wird und woran sich die *Tagesschau* gerne biedermännisch getarnt beteiligt.

Der Autor des Beitrags bemüht genüsslich den Tonfall des Ernstfalls: Polizei, schon wieder, jetzt flächendeckend in einem ganzen Bundesland. Und in Ermangelung eines dazu passenden aufregenden Plots stellt er dramaturgisch geschickt rasch die Einheit des Orts und der Zeit her. »Gestern« hätten zwei Schüler im Internet von der anonymen Amokdrohung erfahren. In Wahrheit war die Polizei seit Tagen informiert. Doch als sie bei ihren Ermittlungen nicht fündig wurde, beschloss der Kultusminister am Dienstagnachmittag, dem 5. Dezember, via Internet eine Warnung an alle Schulleiter zu mailen. Es ist nicht ganz klar, ob die lokale Presse eigens informiert worden ist oder ob sie auf dem Umweg über die Schulleiter Wind von der Sache bekam. Jedenfalls titelten fast alle Blätter der Region am Mittwochmorgen mit einer Warnung vor einem möglichen Amokläufer.

Es ist sicher schwer zu beurteilen, ob die Behörden mit der diffusen Gefahrenlage optimal umgegangen sind: Mit Sicherheit kann man den beteiligten Instanzen kein grobes Versagen vorwerfen. Viel interessanter und kritischer zu beurteilen ist in solchen Fällen die Rolle der Medien. Doch genau darüber schweigt sich die *Tagesschau* aus.

Wer an diesem Tag in Hamburg beim Verfertigen der *Tagesschau* zuschauen konnte, dem wird kaum entgangen sein, dass allein bei diesem Thema eine gewisse Aufregung im trägen Geschäftsgang der Dinge aufkam. Chefredakteur Kai Gniffke hatte am Nachmittag im Interview mit mir noch einmal ausdrücklich die Berichterstattung über den Amoklauf in Emsdetten wenige Wochen zuvor als Sternstunde der *Tagesschau* dargestellt. Bot sich hier ein ähnliches Thema an, das endlich aus den faden Aufbereitungen oder Pressekonferenzen hinausführte, ins *real thing* – die große wilde Wirklichkeit? Bei der großen Schaltkonferenz, zu der sich täglich um 14 Uhr die Chefredakteure der ARD zwecks Absprache von Themen und weiterer Abstimmung akustisch versammeln, hatten einige Herren aus den angeschlossenen Funkhäusern angemahnt, das Thema nicht zu hoch zu hängen, um keine weitere Hysterie zu schüren und um keine Trittbrettfahrer zu animieren. Das hatte bei Gniffke im Rahmen seiner Möglichkeiten zu einer Art Temperamentsausbruch geführt. Man hatte glatt den Eindruck, es ginge darum, die Pressefreiheit und Informationspflicht gegen die eher administrativ zurückgelehnten Kollegen durchzusetzen. Man erlebte, wie Anne Will am Vormittag vehement nach einer großen paradigmatischen Erzählung suchte, einem Lehrstück für den Umgang mit solchen Bedrohungsszenarien. Und in allen kleinen Konferenzen diskutierte man den Stand der Dinge und den gemäßen *Tagesschau*-Stil: die schöne Erregung öffentlich-rechtlich gemildert. Nur eines wusste man schon früh: Mitleid mit dem tot aufgefundenen Johannes F. dürfe es nicht geben. Wenn man sonst schon nicht viel wusste. Es war eben nur ein Fehlalarm. Mit einer sonderbaren Pointe: Da die Amokdrohung nicht geklärt werden konnte, bestand weiterhin Alarm. Doch den interessierte mit einem Male keinen mehr.

XI. Neue NASA-Fotos vom Mars, 12.58–13.25

Spr.-in: Die US-Weltraumbehörde NASA hat neue Fotos vom Mars veröffentlicht. Damit haben Spekulationen über mögliches Leben auf dem sogenannten roten Planeten wieder Auftrieb erhalten. Aus dem All aufgenommene Bilder deuten darauf hin, dass auch in jüngster Zeit Wasser auf dem Mars geflossen sein könnte. Fotos der NASA-Sonde *Mars Global Surveyor* zeigen Veränderungen an der Oberfläche, vor allem an zwei tiefen Gräben.

Eine Sendung, die wieder einmal einen furchterregend uninspirierten Umgang mit Bildern dokumentiert hatte, nähert sich dem Ende und versucht noch einmal zu leuchten – mit

Bildern vom großartig entrückten »roten Planeten«, dem Mars, der sich gewissermaßen als künftiges Sendegebiet zu empfehlen scheint: Vielleicht gebe es dort Leben. In Wahrheit handelt es sich um außerordentlich vage Spekulationen über mögliche Wasservorkommen auf dem Mars. Und Wasser bedeutet in diesem Falle nichts anderes als eine theoretische Vorbedingung für alle uns bekannten Formen von Leben. Schön, diese abschließende Erinnerung an mögliches Leben. Dass an diesem Tag wieder so etwa 30.000 Kinder irgendwo auf unserem Planeten ihr kleines Leben in einer stinkenden Pfütze aushauchten, hatte für die *Tagesschau* wie immer keinen Nachrichtenwert.

Roger Willemsen verdanken wir eine schöne Spekulation darüber, wie das mögliche Leben auf dem Mars wohl auf die *Tagesschau* reagierte: »Sollte eines Tages ein Mensch vom Mars einen Nachrichtenkanal auf seinem Schirm empfangen, um sich ein Bild von der Erde zu machen, so wird er verblüfft sein, mit welcher Pedanterie und archaischen Heiterkeit hier der Gegenstand ›Welt‹ in seinem Tod und seiner Zerstörung abgebildet wird. Vermutlich wird er von diesen Bildern weniger verstehen als der Zoologe vom Grundbuch des Heraldikers, denn was dort dargestellt wird, ist so überformt von eigenen Codes der szenischen Gestaltung und Spannungsbildung, Kommentierung und Konnotierung, dass er das Analogon zum Abgebildeten schwerlich wird identifizieren können. Die eigentliche Nachricht ist nicht das Mitgeteilte, sondern die Nachricht als Zeichenkomplex, ihre vorbildliche Abrichtung von Daten, Fakten und Gefühlen zum Wohlklang der Indifferenz.«[37]

---

[37] Roger Willemsen, *Nachrichten von Nirgendwo. Plädoyer für eine kopernikanische Wende der Nachricht*, In: Klaus Kamps, Miriam Meckel (Hrsg.), *Fernsehnachrichten. Prozesse, Strukturen, Funktionen*, Opladen/Wiesbaden 1998, S. 295–302, hier: S. 300 f.

XII. Lottozahlen, 13.25–13.54
XIII. Wettervorhersage, 13.54–14.58

Nachbesprechung. – Unmittelbar im Anschluss an die Ausstrahlung der *Tagesschau* treffen sich die Beteiligten an einem Stehkonferenztisch im Newsroom zu einer Nachbesprechung. Chefredakteur Kai Gniffke kann sich vor Begeisterung kaum halten. Mit dem Stück über die Amokdrohung habe die *Tagesschau* es mal wieder allen gezeigt. »Wenn man dieses Stück gesehen hat, das ich wirklich exzellent fand, und wenn man dann noch im Ohr hat, dass mehrere leibhaftige Chefredakteure der ARD meinten, man könnte an diesem Thema vorbeigehen, dann muss ich wirklich sagen, da muss ich mal tief in mich gehen, ob ich wirklich noch von dieser Welt bin oder nicht.« Das ist tatsächlich die Frage.

Doch sämtliche untergebene Kollegen stimmen säuselnd in die Begeisterung ein. Das exmoralische Urgestein: »Das war ein tolles Stück. Ja, das war wirklich toll. Unaufgeregt. Alles drin, und dann dieser O-Ton von Rau. So was hast du ja nicht alle Tage.«

Und Gniffke erläutert noch einmal seine große Bewunderung: »Wir haben genau die Pole der Diskussion beschrieben: Das Problem der Nachahmer auf der einen Seite, und auf der anderen Seite: Wenn was passiert wäre? Was hätten wir dann gemacht?«

So sehen also die journalistischen Sternstunden der *Tagesschau* aus: Man war politisch hyperkorrekt und hat doch den Hauch der Sensation – Wenn da was passiert wäre? – mitgenommen. Die leibhaftigen Chefredakteure der ARD müssten eigentlich am nächsten Tag auf den Knien ihres Herzens um Vergebung wimmern. »Da wird es kein Wort mehr zu der heutigen Diskussion geben«, freut sich ein Redakteur. Dass zu diesem Zeitpunkt längst bekannt war, dass eine ganze Reihe von »Trittbrettfahrern« sich der Sache angenommen hatte, wird weder im *Tagesschau*-Bericht erwähnt noch spielt das bei der Nachbesprechung eine Rolle. Man hatte das ja als Problem »beschrieben«.

Aber die Macher der *Tagesschau* entpuppen sich bei dieser Nachbesprechung als unbarmherzige Kritiker in eigener Sache. Der Chef vom Dienst zeigt sich unzufrieden mit dem Telekom-Stück. Das habe nichts Neues gebracht. Die meisten Kollegen sehen das allerdings anders. Es sei doch wichtig gewesen, die neue Strategie der Telekom anzusprechen, nachdem der Vorgänger von Obermann gefeuert worden sei. Und dann habe der Autor ja am Nachmittag noch den »kritischen« O-Ton des Professors besorgt.

Einen Hauch von Unmut umweht dann auch den Beitrag von Christian Thiels über den ALG-I-Vorschlag des Deutschen Gewerkschaftsbunds. Allerdings müssen die Redakteure erst einmal selbst grübeln, was Thiels eigentlich gesagt haben soll und was ihnen daran nicht so gefallen hat. Am Ende kommt raus, man hätte sich vielleicht ein wenig zu weit vorgewagt, wenn man dem DGB unterstelle, er wolle sich sozial profilieren. Darin könnte man eventuell eine Parteinahme entdecken.

Doch in einer Sache sind sich dann alle wieder einig: Die Art und Weise, wie Sven Kuntze in seinem Beitrag über die WM-Bilanz auf den im Anschluss an die *Tagesschau* ausgestrahlten Film *Deutschland. Ein Sommermärchen* hingewiesen habe, das hätte »ein bisschen eine werberische Attitüde« gehabt, beklagt der CvD. »Wohlgemerkt, ich bin nicht gegen den Hinweis – so ein Purist bin ich nicht –, nur so, wie es eben da war, war es doch wie ein Trailer.«

Kai Gniffke legt gleich den Finger auf die Wunde: »Warum immer diese Adjektive? Warum ist das eine ›schöne Gelegenheit‹?« Es hätte doch viel entspannter geklungen, wenn man einfach nur von »einer Gelegenheit« gesprochen hätte.

Die zuständige Redakteurin gibt sich schier betroffen von diesem Patzer und versucht zu erläutern, wie ihr dieses kleine Wort »schöne« durchgehen konnte. Und alle stimmen zu, ja, die allzu emphatische Ankündigung des Films sei wohl diesem »schöne« zu verdanken.

Von den zwanzig Beteiligten scheint sich niemand daran zu erinnern, dass Autor Sven Kuntze gar nicht von einer »schönen Gelegenheit« gesprochen hatte, sondern von einer »wundervollen Gelegenheit, die schönen Juni/Juli-Tage noch einmal zu erleben«. Eine wundervolle Gelegenheit zu bemerken, wie die *Tagesschau* das Kurzzeitgedächtnis selbst ihrer Macher überfordert. Wie auch immer, die stilistische Kritik wird hier als Lehrstück programmatischer Entschlossenheit zelebriert.

Das müsse man eben in Zukunft viel reduzierter machen, fasst Kai Gniffke den Erkenntnisgewinn zusammen. Im Gegenzug solle man aber noch einmal dankbar sein, dass Sven Kuntze bei der Erwähnung der 50.000 neuen Arbeitsplätze noch rasch angefügt hat, dass viele davon wohl nur vorübergehend existiert hätten. Ohne diesen Zusatz wäre man womöglich in den Verdacht geraten, den regierungsamtlichen Fortschrittsoptimismus unkritisch zu übernehmen. Nein, in diese Falle sei man nicht gelaufen. Abschließend: »schöne Marsmeldung«.

Genreproduktion. – Tag für Tag offeriert die *Tagesschau* ein groteskes Sammelsurium aus fragmentarisierten Informationen, Halbwahrheiten, Pseudonachrichten, plumpen ideologischen Fanfaren, Platitüden und Fehldeutungen. Wer glaubt, mit ein paar Grundkursen in Nachrichtenjournalismus und einer Einführung in die Kunst des Nachrichtenfilmes ließe sich die Angelegenheit verbessern, der irrt gewaltig. Das Ausmaß der Stümperei definiert das Ausmaß des Erfolgs. Abend für Abend lauschen fast zehn Millionen Menschen der 20-Uhr-Ausgabe der *Tagesschau*, Abend für Abend setzt die *Tagesschau* ihre unglaubliche Erfolgsgeschichte fort, ganz einfach indem sie sich selbst als Genrestück fortschreibt.

Die Form und der Inhalt der *Tagesschau* erklären sich nur zum allergeringsten Teil aus der Funktion der Nachrichtenvermittlung. Man muss es noch einmal ganz klar sagen: Niemand bei *ARD-aktuell* wäre in der Lage, halbwegs plausibel darüber Auskunft zu geben, wie Fernsehnachrichten aussehen müssten, die Zeugnis von den Prozessen einer komplexen Welt und den aktuellen Ereignissen ablegten. Die *Tagesschau* macht ihre Zuschauer entschlossen zu Zaungästen einer Welt, indem sie sich ebenso entschlossen weigert, diese Welt auch nur andeutungsweise zu begreifen. Und ich wage die Behauptung: Genau darauf beruht ihr Erfolg.

Der Nachrichtenwert dieser wie jeder anderen Ausgabe der *Tagesschau* lässt sich mit den Worten von Kai Gniffke erschöpfend beschreiben: »Dass die Leute dann wissen: Das habe ich doch schon mal gehört.« Und bei so einem minimalen Ziel spielt es dann fast schon gar keine Rolle mehr, dass man des Öfteren von einigem mal was Falsches gehört hat. Man könnte es natürlich auch in den fast schon unsterblichen Worten einer Redakteurin von *ARD-aktuell* ausdrücken: »Ich bin zufrieden, wenn der Zuschauer sagt, das hat mich interessiert – und jetzt der *Tatort*.«

Doch wenn Form und Inhalt der *Tagesschau* sich nicht funktional durch den Auftrag der Informationsvermittlung beschreiben lassen – wie dann? Die *Tagesschau* hat im Laufe der Jahre ihre eigene Dramaturgie entwickelt. Das heißt, sie reagiert nicht auf die Welt, auf die Natur der zu vermittelnden Ereignisse und Strukturen, über die sie zu berichten vorgibt, sondern sie reproduziert vor allem sich selbst.

Man kann das am besten über die erblindeten Bilder der *Tagesschau* erklären. Keines dieser Bilder hat je die Kraft, uns der Gegenwart eines Ereignisses näherzubringen, das wir aus eigener Anschauung nicht sehen konnten. Die ewig gleichen kalkulierten Auftritte amerikanischer Präsidenten bei Pressekonferenzen, auf dem Weg zum Hubschrauber, flankiert von Gattin und Hund, beim Händeschütteln in Camp David, die völlig austauschbaren weinenden Frauen im Kosovo, im Irak, in Palästina oder Afghanistan, die verschlossenen Türen, hinter denen mutmaßlich die Politik arbeitet, die dauerhaft aufgeräumten Reporter, die vor der schier unvergänglichen Börsenkulisse ihre witzigen Beobachtungen zu den Bocksprüngen des Börsenkapitals machen, die wehenden Reporterhaare vor dem Weißen Haus in Washington oder dem Bundeskanzleramt in Berlin, die Aufräumarbeiten nach dem letzten Bombenattentat in Jerusalem, Bagdad, Kabul, die Aufräumarbeiten nach dem letzten Vergeltungsschlag der Amerikaner, Briten oder Israelis, der permanente Zorn des Mobs in den islamischen Ländern, der anscheinend Zeit hat, den ganzen Tag vor laufenden Kameras irgendwie fanatisch zu protestieren und wahlweise amerikanische, britische oder dänische Flaggen zu verbrennen, das Aufgebot an Polizei und Polizeifahrzeugen bei Fahndungen, Unfällen oder Alarm, der sich meist als Fehlalarm erweist, die mobilen Kanzeln, von denen Präsidenten, Kirchenfürsten, Wirtschaftskapitäne, Parteivorsitzende oder Gewerkschaftsbosse schaurige Reden halten, die sie nie geschrieben haben, die letzte Kraft beim Zieldurchlauf und die identischen Explosionen des Jubels, wenn ein Tor fällt – nichts davon hat das Gewicht irgendeiner besonderen Realität. Nicht einmal das kleine schwarze Mädchen mit dem geschwollenen Bauch, das auf einem Bein durchs Bild humpelt, entführt uns in das reale Minenfeld der realen Welt. Es ist eine allgemeine Chiffre des Grauens, dutzendfach gezeigt und als solche tief eingelassen in den ganz normalen Bestand der Welt. Kein Grund zu reagieren. Der leichte Ekel, der uns ergreift, beunruhigt uns nicht. Es ist der vertraute Ekel, den wir bei solchen

Gelegenheiten zu empfinden pflegen. Und wenn die *Tagesschau* vom Mars berichtet, spüren wir nichts von der Unermesslichkeit des Weltalls und dem Achselzucken der Unendlichkeit, sondern wir werden bloß einen Moment lang in einen kosmologischen Sandkasten versetzt. Immerhin.

Die *Tagesschau* zeigt uns niemals eine Welt und schon gar nicht unsere Welt, in der wir uns orientieren müssen, sondern sie wiederholt stets nur ihre extrem restringierte Ikonographie. Die *Tagesschau* erzeugt das Kontinuum der Welt als die ewige Wiederholung ihrer eigenen Stereotypen. Ob Karl-Heinz Köpcke, Jan Hofer oder Ellen Arnhold: Fast erstarrte Menschen lesen seit Jahrzehnten denselben Typ von Protokollsätzen ab, die Objektivität und Sachlichkeit suggerieren sollen. Der Informationsgehalt dieser Nachrichten beschränkt sich auf die ersten beiden Sätze.[38] Den Dschungel der Zusammenhänge kennt die *Tagesschau* nicht. Das erhöht wiederum den Eindruck strenger Objektivität.

Die Reihenfolge der Meldungen hat selten mit der realen Hierarchie realer Bedeutungen zu tun, sondern folgt meist einem so hilflosen wie dümmlichen Schema. Das Schema am 6. Dezember folgt in etwa dem folgenden Rhythmus: Nach einem längeren Bericht von je circa 2 Minuten (inklusive gelesener Ansage) folgt eine gelesene Nachricht oder eine Nach-

---

[38] Darin erkennt Ulrich Schmitz sogar die gattungsspezifischen Merkmale der Textsorte »Fernsehnachrichten«: »Die spezifische Differenz der Nachricht liegt vielmehr in der allgemeinen Form, die alle Nachrichten gleichermaßen teilen. Sie verfügen nämlich erstens über einen herausgehobenen Anfang, aber nicht über eine typische Mitte oder ein markiertes Ende. Die Eröffnung im ersten Satz stellt die ganze Nachricht in eine Perspektive. Der Rest wird ohne durchgängige Aufbaumerkmale beigefügt. Insbesondere gibt es keinen Schlussteil; die Meldung könnte ebenso gut noch weitergehen oder auch schon vorher aufgehört haben.« Ulrich Schmitz, *Postmoderne Concierge: Die »Tagesschau«. Wortwelt und Weltbild der Fernsehnachrichten*, Opladen 1990, S. 144.

richt im Film von um die 30 Sekunden Länge. An der Spitze stehen diesmal Auslandsnachrichten (USA lang, Afghanistan kurz). »Dann packen wir wieder ins Positive um«, hatte ein Redakteur bei der Planung die Logik beschrieben, und es folgt die WM-Bilanz, die wiederum von einer anderen, kurzen, aber »negativen« sportpolitischen Meldung abgelöst wird. Dem längeren Auftritt des Sozialen in Gestalt des DGB-Vorschlags folgt Köhlers kurzer Ausflug in die Sozialbindung der Familie, daran schließt sich die Wirtschaft an mit einem langen Vorstandswechsel, gefolgt von einem kürzeren, und dann weist ein kurzer Fall von Wirtschaftskriminalität den Pfad zum vermeintlichen Schocker eines angekündigten Amoklaufs. Und die Bilder vom Mars werden zum Schokoriegel, der uns auf das Feierabendgebiet einstimmen soll.

Szenen eines Gesprächs mit Anne Will. – Anne Will erläutert mir sogleich, dass die *Tagesschau* eine reine Chronistenpflicht erfüllt, während die *Tagesthemen* erklären, warum die Dinge geschehen. Das war mir noch nie aufgefallen, doch mir wurde klar, dass unter diesen Umständen Anne Will die Welterklärerin der ARD sein muss. Das unterstreicht ihre enorme Wichtigkeit – als relativ junge Frau wandelt sie in den Fußstapfen solcher Geistesriesen wie Hanns Joachim Friedrichs und Ulrich Wickert, und für diese Leistung hat sie auch schon den Hanns-Joachim-Friedrichs-Preis, den Grimme-Preis, die Goldene Kamera und den Deutschen Fernsehpreis erhalten. Und als vorläufige Krönung ihrer Karriere darf sie 2007 die Nachfolge von Sabine Christiansen antreten – es fehlt eigentlich nur noch ein Boxkampf mit Stefan Raab.

Niemand verkörpert mehr die Lebenslüge der öffentlich-rechtlichen Nachrichtensendungen als diese sogenannten *Anchormen* oder *-women*. Schließlich versichert man uns pausenlos, im Informationswesen sind Stars ausgeschlossen, Persönliches tabu usw. Alles sei der Sache geopfert. Während man natürlich längst verstanden hat, dass die Anmutung des *Tagesthemen*-Präsentators wichtiger ist als sämtliche redaktionellen Leistungen – wichtiger für die Quote. Wobei die Leistung des Moderators oder der Moderatorin dann tatsächlich in der feinen Gymnastik des Auftritt-Designs besteht. Und wenn man versucht, dahinterzukommen, worin die außerordentliche Bedeutung von Anne Will bestehen soll, dann stößt man in erster Linie auf die Semiotik ihrer Augenbrauen. Immerhin hatte Uli Wickert es zu Weltruhm gebracht durch die angeblich unnachahmliche Ankündigung des Wetterberichts. Ich muss gestehen, ich habe Anne Wills Augenbrauensprache nie zur Kenntnis genommen. Andererseits habe ich nie erhöhten Interpretationsbedarf verspürt: Wie Anne Will die Welt sieht, bedarf keiner raffinierten Zeichendeutung.

Kollege Wickert war der Letzte, der ein Ausbrechen aus der Fesselung der Sprachregelungen versucht hat, als er wagte, den Politikstil von George Bush II. mit leisen Zweifeln zu präsentieren. Wickert hat diese Freigeisterei mit Mühe und Not gerade noch überlebt. Anne Will lässt keinen Zweifel mehr aufkommen, im Gegenteil könnte man den Eindruck haben, sie sei die Urheberin dieser Sprachregelungen – so sieht sie sich zumindest selbst.

Doch nein, als ich sie frage, ob das Informationswesen der ARD sich allzu sehr darauf beschränke, den politischen Mainstream zu befördern, wehrt sie vehement ab: Niemand in der Redaktion fühle sich der politischen Mitte verpflichtet. Es gebe auch radikale Positionen in den Sendungen, die lösten dann jeweils eine Flut von E-Mails aus. Und das sei auch gut so.

Es gehe immer nur um guten Journalismus. Aber natürlich gebe sie sich nicht der Illusion hin, das wahre Leben abzubilden, sondern immer nur ein Bild der Realität. Und worin besteht der Rahmen dieses Bildes? Die *Tagesschau* sei Termin-

oder Ereignisjournalismus, während die *Tagesthemen* ganz anders arbeiten. Hier könne man sich sogar ausdrücklich über tagesaktuelle Themen hinwegsetzen, wenn es Themen gebe, die wichtiger erscheinen. Und sie nennt als Beispiel einen Film über Darfur im Westen des Sudan. Man könne jeden Tag darüber berichten, aber sie berichteten erst darüber, wenn sie den absolut starken Film hätten.

Ich möchte jetzt lieber nicht wissen, was Anne Will für einen absolut starken Film über Darfur hält, da ich mit Peter Scholl-Latour der Überzeugung bin, dass die gesamte Berichterstattung über Darfur weitgehend erlogen ist. Außerdem erweckt Anne Will nicht den Eindruck, als wolle sie ihre Arbeit auf den Prüfstand stellen lassen. Dementsprechend wird sie auch ziemlich unwirsch, als ich sie frage, ob sie glaubt, dass man beispielsweise der Berichterstattung über den Iran irgendwelche Erkenntnisse entnehmen könnte. »Also, das ist einer meiner häufigsten Sätze in den Moderationen der vergangenen fünf Jahre, dass ich sage: Außenpolitik, jedwede Politik ist Interessenpolitik. Wo liegen die Interessen? Und dass man sie dann runtererzählt. So machen wir das auch. Das ist fein strukturiertes kritisches Arbeiten. Und das ist unsere Verpflichtung. Und da finde ich auch, haben wir uns überhaupt nichts vorzuwerfen. Ganz im Gegenteil. Dazu sind wir auch das System, das die meisten Korrespondenten hat. Damit haben wir ja die Chance, einen eigenen Blick zu werfen und uns nicht aus Agenturmaterial bedienen zu müssen oder uns vorgestanzte Sätze zuliefern lassen zu müssen, sondern wir haben Chancen, eigene Interviews zu führen, eigene Bilder zu drehen, die Bilder hinter den Bildern, die Geschichten neben den Geschichten zu zeigen.« Und das habe man doch diese Woche wieder ganz vorzüglich gemacht, zum Beispiel in dem Film, wo es diese Totale gab, als Frank-Walter Steinmeier, der deutsche Außenminister, in den Palast von Assad in Damaskus hineingeht. Und man sieht diese riesige Totale, den riesigen roten

Teppich und F.-W. Steinmeier am anderen Ende und den Reporter, der mit einer sehr eleganten Distanz zum Geschehen sagt: »Der rote Teppich soll den Außenminister klein erscheinen lassen.« Das findet Anne Will schlicht und einfach großartig. Das genau sei es, was doch wohl auch ich meine, nämlich sehr kritisch, sehr distanziert umzugehen mit Ereignissen und mit der Inszenierung von Ereignissen und nicht auf das reinzufallen, was Assad da mit Steinmeier vorhatte und worauf natürlich auch der Außenminister nicht hereingefallen ist.

Und im Übrigen könne man doch nicht jedes Mal aufs Neue das alles erklären. So geht kein vernünftiger Journalismus. Und wie geht er dann, der vernünftige Journalismus? Anne Will verweist auf die hochentwickelte Kulturtechnik des Interviews. Das Wichtigste bei Interviews sei es, die »vorgestanzte Message« zu umschiffen. Und im Übrigen sei ein Inhalt für sie nur dann stark, wenn er in die entsprechende Form gegossen wird.
 Ich merke, ich bin in diesem Interview nicht in der Lage, die vorgestanzte Message zu umschiffen. Anne Will glaubt ihren eigenen Botschaften. Am Ende einer Sendewoche fühlt sie sich echt informiert.

***Tagesthemen* 6. Dezember 2006, 22.15 Uhr.** – »Hier ist das Erste Deutsche Fernsehen mit den *Tagesthemen*«, sagt Jan Hofer aus dem Off. »Guten Abend«, sagt Anne Will und stellt in hübscher Assonanz-Reihung die Hauptthemen vor: »kritisch« – die Sache mit der Baker-Kommission; »hektisch« – der ausgebliebene Amoklauf; »taktisch« – Porsche und die Automobilbranche. Jetzt also werden wir erfahren, »*warum* Dinge geschehen«.
 Der erste Bericht, den Anne Will ankündigt, handelt natürlich von der Bilanz der Baker-Kommission. Doch diesmal

berichtet Udo Lielischkies. Dramatisch beginnt sein Beitrag: Die Mitglieder der Baker-Kommission kamen im Morgengrauen, um dem Präsidenten den Bericht zu übergeben. Auch dieser Filmbeitrag hält sich eng an den üblichen Rahmen: die amerikanischen Befindlichkeiten über den Irak. Ein Berater erläutert, dass ein amerikanischer Rückzug »eine ganze Präsidentschaft« in den Ruf des Scheiterns brächte. Und einem dieser unsäglichen Straßeninterviews mit »zufälligen Passanten« in den USA entnehmen wir, dass es schön wäre, wenn unsere Truppen jetzt wieder heil nach Hause kämen. Die Art und Weise, wie Amerika sich mit sich selbst beschäftigt, ist in öffentlich-rechtlichen Fernsehsendungen ein heiliges Thema. Und sie wird noch einmal auf schier atemberaubende Weise greifbar, wenn Lee Hamilton, eines der Mitglieder der Baker-Kommission, zu Protokoll gibt: »Wenn die irakische Regierung keine wesentlichen Fortschritte in Richtung der entscheidenden Ziele macht, dann müssen die USA ihre politische, militärische und wirtschaftliche Hilfe zurückfahren.« Man muss sich noch einmal in Erinnerung rufen, was weder *Tagesschau* noch *Tagesthemen* je sagen: Die Vereinigten Staaten haben ein Land militärisch überfallen, eines der stabilsten Länder der Region in einen Bürgerkrieg geführt, die Infrastruktur des Landes total ruiniert, eine von niemandem wirklich anerkannte Regierung installiert, ein prosperierendes Land zu einem der ärmsten der Erde gebombt, und jetzt wagt es ein amerikanischer Politiker, von »politischer, militärischer und *wirtschaftlicher Hilfe*« zu phantasieren – ohne dass bei den *Tagesthemen* es jemand für nötig hielte, die offensichtlichste Demagogie, wie Kai Gniffke sagt, als solche zu entlarven. Immerhin scheint in den zwei Stunden seit der *Tagesschau* etwas Skepsis gewachsen zu sein, ob Bush II in irgendeiner Form diesen Bericht ernst zu nehmen gewillt sei. Hier wird die Welt zwar etwas anders dargestellt, doch gewiss nicht tiefgründiger.

Nun moderiert Anne Will den zweiten Beitrag an: Auch die führenden irakischen Politiker sprechen sich gegen einen Truppenabzug aus. Ebenso wie sie den Vorschlag von Kofi Annan für eine Internationale Friedenskonferenz ablehnen. »Bevormundung will niemand mehr.« Es ist ein bisschen merkwürdig, dass die irakischen Politiker den Abzug der Truppen ablehnen und zugleich den Vorschlag von Kofi Annan als Bevormundung ablehnen. Vielleicht hat ja Anne Will den Überblick verloren. Vielleicht geht es ja eher darum, dass die amtierende irakische Regierung sich nicht lange ohne amerikanische Truppen im Lande hielte, also ohne dreiste politische, militärische, wirtschaftliche, kurz: totale Bevormundung. Nun, die Verhältnisse im Irak sind etwas undurchsichtig, vor allem, wenn man die Dinge nicht beim Namen nennen darf, wie der Beitrag von Patrick Leclercq jetzt in extenso vorführt. Was natürlich auch daran liegen könnte, dass Patrick Leclercq gar nicht aus dem Irak berichtet, sondern in Kairo angeliefertes Material zusammenschneidet und vertont.

Der erste Kronzeuge der Reportage »aus« Bagdad ist ein Zeitungsverkäufer, der sagt: Wir müssen unsere Probleme selbst lösen, wir brauchen weder Amerikaner noch die Nachbarn dazu. Ähnlich informativ und repräsentativ geht es weiter, wenn ein schiitischer Scheich sich zu Worte meldet, um zu erklären, dass das Volk keinen Bürgerkrieg will. Die Milizen sind schuld. Allein, so fragt man sich, wer sind die Milizen? Ganz ausgewogen kommt dann ein Sprecher der oppositionellen Sunniten zu Worte und sagt, wenn die Amerikaner diesmal wirklich Frieden schaffen wollen, dann müssten sie erst einmal sämtliche an der Macht befindlichen Köpfe austauschen. Mag sein, doch dazu müsste man wissen, was es mit diesen Köpfen auf sich hat. Schließlich lernen wir noch eine Juristin kennen, die Mitglied der Nationalversammlung war und an der irakischen Verfassung mitgearbeitet hat. Sie findet es wichtig, dass die Baker-Kommission einen Dialog mit dem

Iran befürwortet. Und so gesehen wundert es uns nicht, dass dieses Bagdader Allerlei in Leclercqs fast schon wieder luftig weise Worte mündet: »Die Iraker warten gespannt darauf, was davon umgesetzt wird.«

Die definitive Erläuterung des neuesten Standes der amerikanischen Gefechtslage im Irak erfolgt dann durch den Kommentar von Jörg Schönenborn vom Westdeutschen Rundfunk. Er feiert ein großes Datum und setzt es sogleich in einen Bezug zu einem anderen großen Datum: dem 11. September 2001. Damals sei der Konflikt zwischen muslimischer Welt und der Welt des Westens eskaliert. Heute, am 6. Dezember, bestünde die Chance, diese beiden Welten wieder einander näherzubringen. Damit operiert Schönenborn genau auf Augenhöhe mit den US-amerikanischen Strategen des »Kampfes der Kulturen«. Am 11. September hat aber nicht »der Islam« New York angegriffen, sondern eine radikale islamistische Gruppe unter gewiss nicht restlos geklärten Umständen ein Attentat verübt. Die mutmaßlichen Urheber sind aber nicht repräsentativ für den Islam. Oder wie erklärt sich Schönenborn sonst die Unterstützung fast sämtlicher islamischer Länder beim »Kampf gegen den Terrorismus«? Die islamistische Büchse der Pandora im Irak haben die USA erst geöffnet – oder, wenn man so will: überhaupt erst geschaffen. Dass jedoch der »militärische Überfall à la Irak« – wie Schönenborn erstaunlicherweise formuliert – im Zusammenhang stehe mit dem 11. September, diese Behauptung hat die Regierung der USA vorsätzlich erfunden. Und wenn Schönenborn jetzt an diese Fälschung anschließt, dann um eine Art Schiedsrichter zu spielen – so ungefähr im Sinne von: jetzt steht es eins zu eins. Und die Baker-Kommission sagt: Es ist genug.

Dann erläutert der Kommentator die bekannten innenpolitischen Nöte der USA: »Mit James Baker hat der Präsident einen guten alten Freund der Familie gebeten, ihnen einen Weg zu weisen, raus aus dem Chaos im Irak, ohne dass der

Präsident gleich ganz das Gesicht verliert. Dahinter steckt nicht Friedenssehnsucht, sondern blanke Not.« Das mag kritisch klingen, übersieht jedoch wie stets eine Kleinigkeit: Wie geht es dem irakischen Volk bei diesen lächerlichen Ränkespielen? »Militärische Überfälle à la Irak mögen im 20. Jahrhundert zu Geländegewinnen geführt haben, im 21. Jahrhundert treiben sie die eigenen Soldaten in den sicheren Tod und die Welt an den Rand des Abgrunds.« Schönenborn gibt sich kritisch, um Kritik zu vermeiden.

Man hat uns jahrelang gelehrt, den Irak-Krieg als eine Art Schicksalsfrage von Bush d. J. wahrzunehmen. Und in dieser so hübsch anschaulichen, psychologisch gar fast spannenden Perspektive kann man dann ein Problem verstecken, das die Fernsehnachrichten noch nicht einmal zu denken wagen: Was wollen die USA eigentlich im Irak? Die offiziellen Gründe für diesen Krieg sind längst verglüht, bliebe doch wenigstens die kriminelle Energie erklärungsbedürftig, mit der man die Gründe gefälscht hat. Vielleicht wird eines Tages der Irak-Krieg in die Geschichte des Journalismus eingehen. Weniger wegen des meisterhaft verlogenen Spiels mit den »embedded reporters«, sondern wegen der kompletten Irrealisierung dieses Krieges. Jede Erklärung dieses Krieges ist einer fast schon surrealen Montage von absurden Fragmenten gewichen.

Jedes der drei Stücke, die sich an diesem Abend in den *Tagesthemen* mal wieder mit dem Krieg befassen, besteht aus nichts als Versatzstücken eines unauffindbaren Zusammenhangs. Man bietet dem Zuschauer Bilder und Statements, die nichts erklären, aber alle Optionen offenhalten. Diese Sorte Berichterstattung kämpft mit einem Problem, das sie selbst herstellt: der Unauffindbarkeit dieses Krieges. In keinem der Bilder, in keinem der Texte findet sich der Krieg wieder. Man hat ihm seine Rationalität entzogen: seine Gründe. Und so bleibt einem Kommentator wie Jörg Schönenborn nur eine Möglichkeit, um den Schein abendländischer Plausibilitätskriterien zu wahren, einen Hauch von Logik, und die lautet: George W. Bush. Wenn Jörg Schönenborn so forsch kritisch auf die Figur des amerikanische Präsidenten und seiner Entourage (Baker »ein guter alter Freund der Familie«) zusteuert, dann, weil diese Sicht der Dinge ihn und seine Kollegen davor bewahrt, diesen Krieg politisch verstehen zu müssen. So hat Jörg Schönenborn den »militärischen Überfall à la Irak« so gerade eben noch vor seinem Versinken in die unverbindlichen Wirrungen der Postmoderne bewahrt. Vielleicht erklärt sich so auch die überaus überraschende Schlusspointe seines Vortrags. Er will nämlich zwischen den Zeilen in den Forderungen des Baker-Reports – und eigentlich nur für die Meister politischer Dechiffrierung erkennbar –, in dem Appell zur Diplomatie eine versteckte Verbeugung vor dem alten Europa entdeckt haben. In Wahrheit bietet sein Kommentar nur ein wundervolles Beispiel dafür, wie sich das alte Europa um die Wahrheit dieses Krieges betrügt.

Man könnte sagen, der »militärische Überfall à la Irak« stellt sich in den Fernsehnachrichten als eine Art Amoklauf dar, ohne Geländegewinn kostet er viele Menschen das Leben, die Gründe liegen in einer diffusen Mischung aus persönlichen Neurosen und bedenklichen Umwelteinflüssen: »Enduring freedom« statt *Counter-Strike*. Doch hinter der meterdicken Glasscheibe, die die Fernsehnachrichten zwischen ihren Zuschauern und der Welt errichten, verfolgen wir diesen Amoklauf mit dem skeptischen und höflichen Interesse des alten Europa. Wenn aber in Offenburg das vage Gerücht eines bevorstehenden Amoklaufs kursiert, dann schmilzt das Panzerglas, und nur die Mattscheibe trennt uns noch von der irrealen Bedrohung angekündigter Gefahren im mittelbar Realen. Noch einmal drei Minuten lang widmen sich die *Tagesthemen* der Sensation, die sich weigerte, eine zu werden, bietet sie in ihren stilistischen Grenzen die Spannung des »Daswarknapp« und spielt zugleich die Rolle des distanzierten Therapeuten.

Jetzt spürt ein anderer Reporter als in der *Tagesschau* den abgeklungenen Aufregungen nach und kommt mit Hilfe eines Polizeipsychologen zu der Erkenntnis, man hätte die ganze Sache auch behutsamer vermitteln können. Und am Ende steht die tiefe und doch zugleich versöhnliche Einsicht: Auf solche Probleme »gibt es nicht nur eine Antwort«. Fast wie im Leben selbst.

Es folgt ein erster Nachrichtenblock. Er beginnt mit der erfreulichen WM-Bilanz, lässt mal wieder Schäubles kühne Worte von der gelungenen Aktion für Fremdenfreundlichkeit erklingen und kühlt die Begeisterung dann mit der Nachricht von der Arbeit des Ligaausschusses über die Fankrawalle. Köhler predigt Familie, und den Zementherstellern geht es an den Kragen.

Die zweite Hälfte der *Tagesthemen* beginnt, und Anne Will steuert auf das Mysterium der Porsche AG zu. Porsche will – welche Überraschung, was für ein Ereignis! – einen dritten Posten im Aufsichtsrat von VW. In die Hintergründe weiht uns ein Filmbericht ein. Dabei lernen wir einen besorgniserregenden Menschen kennen: Achilles Bonfanti, seit 13 Jahren Arbeiter bei Porsche. Woanders arbeiten käme für ihn nicht in Frage. »Jedes kleine Kind kennt Porsche, sogar meine Tochter.« Und die ist erst fünf. Bonfanti gehört zu der Sorte klassenbewusster Arbeiter, die man seit dem Verschwinden der *Aktuellen Kamera* des DDR-Fernsehens eigentlich ausgestorben glaubte. Ein Darsteller des Glaubens, tief eingelassen in das Geschick seines Kollektivs.

Dann ein Umschnitt von den edlen Werkshallen zur noch edleren Pressekonferenz. Wendelin Wiedeking verkündet noch einmal seinen Rekordgewinn für das vergangene Jahr. Allerdings stagnieren Verkauf und Umsatz im laufenden Geschäftsjahr. Und während ein Werbefilm über die beiden Geländewagen Touareg und Cayenne läuft, erfahren wir, dass Porsche noch stärker bei VW einsteigen will. »Jetzt will Porsche seinen

Anteil bei dem Wolfsburger Unternehmen auf fast 30 Prozent aufstocken.« Doch da funkt ein unabhängiger Experte dazwischen. Willi Dietz vom Institut für Automobilwirtschaft, Geislingen: Porsche lebt von seiner Exklusivität. Und ein paar Bilder später sagt Dietz: Größe allein bringt es nicht. Und der Reporter erinnert uns noch einmal an die Probleme bei Daimler-Chrysler. »Was will also Porsche?« »Porsche ist mit dem Einstieg bei VW ein anderes Unternehmen geworden«, erklärt Wendelin Wiedeking. Hoffentlich nicht, denkt Achilles Bonfanti: »Wichtig ist, dass wir wir sind.« Und der Reporter sagt: »Einen VW zu bauen kann sich Achilles Bonfanti nicht vorstellen.« Wir fürchten, Achilles Bonfanti hat zu oft *Tagesthemen* geschaut.

Der Autor des Beitrags war so rücksichtsvoll, fast alle Fragen zur Porsche-Politik nicht gestellt zu haben. Jetzt kann Anne Will der Sache auf den Grund gehen in ihrem Interview mit Wendelin Wiedeking: ein Stellungskrieg über volle vier Minuten – ein Stellungskrieg mit Platzpatronen. In diesem Schaukampf verweigert der Zuffenhauser Vorstandsvorsitzende entschlossen jede Auskunft und unterlässt Anne Will ebenso entschlossen jeden Versuch, den Herrn aus der Reserve zu locken. In gewisser Weise der interessanteste Beitrag des Abends: ein Lehrstück – wenn auch gewiss nicht so gemeint. Es ist genau so, wie Anne Will in der Morgenkonferenz schon befürchtet hatte. Allerdings stellt sie auch genau die Fragen, die dieses Ergebnis hervorrufen mussten: »Was heißt das, wenn Sie heute sagen, wir werden mit Volkswagen unsere Zukunft sichern?«

»Heute Morgen haben Sie nichts von ›industrieller Logik‹ gesagt, sondern ›Eigennutz‹: ›Wir sind am unbedingten Erfolg von Volkswagen aus purem Eigennutz interessiert‹, zitiere ich aus den Agenturen. Wie weit geht der Eigennutz?«

»Sie wollen Audi nicht aus dem VW-Konzern herauslösen, haben Sie gesagt. Wollen aber die Krise bei VW natürlich selbstverständlich lösen, damit sich Ihr Investment aus Eigennutz auch lohnt. Dass Sie allerdings VW nicht übernehmen wollen, das fällt sehr schwer zu glauben.«

»Aber das klingt nicht unbedingt nach freundlicher Zurückhaltung, wenn Sie auch fordern, dass Sie dafür auch ein drittes Aufsichtsratsmandat bei VW bekommen.«

»Fällt die Übernahme eigentlich leichter, wenn die EU-Kommission nächste Woche das VW-Gesetz kippt?«

»Auch das war heute Thema: Die Porsche-Aktionäre bekommen eine um einen Euro erhöhte Dividende. Der sechsköpfige Vorstand bekommt erfolgsabhängige Zahlungen in Höhe von 40 Millionen Euro. Haben Sie Verständnis für die Forderung der IG Metall nach sieben Prozent mehr Lohn?«

»Ich wollte Sie dazu verleiten, dass Sie generell was dazu sagen, was Sie von der IG-Metall-Forderung nach sieben Prozent mehr Lohn halten.«

»Deshalb habe ich Sie ja gefragt.«

»Also sagen Sie nix dazu?«

»Herr Wiedeking, haben Sie herzlichen Dank.«

Was wollte Anne Will eigentlich wissen? Und natürlich hat sie Wendelin Wiedeking nicht die Frage gestellt, warum er denn überhaupt Interviews gebe, wenn er schon nicht bereit sei, etwas zu sagen. Und natürlich hat man dieses Schattenboxen über die volle Strecke von vier Minuten, die ein Interview in den *Tagesthemen* höchstens dauert, gesendet. Und so haben die Zuschauer der *Tagesthemen* insgesamt sieben Minuten lang staunenswerten Einblick in die wundervolle Porsche-Welt bekommen: Riesengewinne, große Dividenden, Werbefilme von superschicken Geländewagen, und sie haben Achilles Bonfanti kennengelernt. Warum eigentlich nicht Frau Wiedeking?

Zeit für den zweiten Nachrichtenblock: Der neue Audi-Chef und der DGB-Vorschlag zum ALG I. Dann kommt die Börse dran. Da wird der Auftritt des neuen Telekom-Chefs in Kursgewinnen ausgewertet, wobei der Börsenreporter sich fragt, was der ganze Führungswechsel eigentlich soll. Erkennbar Neues sei da nicht vorgestellt worden. Das beurteilte die *Tagesschau* noch etwas anders, aber vermutlich handelt es sich hier um eine Sinn-Kursschwankung, die auf dem Boden des Grundgesetzes der Fernsehnachrichten stattfindet. Zurück zu den Nachrichten: Die britische Polizei geht jetzt im Fall des toten ehemaligen russischen Agenten Litwinenko von Mord aus. Schließlich kommt noch der Straßenbau in Südafghanistan zur Meldung. Eine schöne Überleitung für das letzte Stück der *Tagesthemen*, in dem wir mal wieder von den Gefahren, die im Rest der Welt lauern, hören. Heute: die gelbe Gefahr.

»Wir wussten ja, dass der chinesischen Wirtschaft so ziemlich gar nichts heilig ist, dass sie jetzt aber auch noch das für seine jahrhundertealte Holzschnitzkunst berühmte Erzgebirge heimsucht, das ist schon ein starkes Stück«, moderiert Anne Will in dunkelsten Tönen das Stück über den Überfall der chinesischen Fälscherbanden auf das Erzgebirge an. Im Laufe des Tages hat sich der Globalisierungswind offenbar heftig gedreht. Bei der morgendlichen Besprechung klang die Geschichte noch etwas anders: Ein Schlaumeier aus dem Emsland lässt Holzfiguren nach Erzgebirgevorbildern in China billig herstellen und verkauft sie zu Dumpingpreisen mitten im Herkunftsgebiet dieser Niedlichkeitsindustrie. Doch um 22.40 Uhr brechen die bösen Chinesen in die beschauliche Idylle des Erzgebirges ein. Die Bilder des Films legen uns nahe, in der Produktion der Figürchen mehr als ein Handwerk zu sehen: eine Berufung eher, Heimatglück. Und der Emsländer hat sich unterdessen in eine Art Mobbingopfer verwandelt. Was für eine hübsche Nikolausgeschichte – bis auf die Kleinigkeit, dass sie ideologisch so verdreht ist, dass einem ganz schwindelig werden kann.

Für viele Milliarden Euro jährlich lassen die europäischen »Hochlohnländer« und die USA in asiatischen Billiglohnländern Waren zu lächerlichen Lohnkosten produzieren, um sie anschließend äußerst gewinnbringend auf den heimischen Märkten zu verkaufen. Das Ganze wird von der Politik kräftig subventioniert, denn billige Konsumgüter in Zeiten sinkender Reallöhne kompensieren die schlechte Stimmung. Ein ganz »normaler« Prozess in Zeiten der Globalisierung. Der allerdings von Zeit zu Zeit für das Verschwinden ganzer Branchen sorgt – wie etwa der Textilindustrie in Deutschland. Natürlich geschieht dies alles in engster Abstimmung von Politik, Wirtschaft und den internationalen Behörden des Neoliberalismus. Allerdings heißt Globalisierung keineswegs schrankenloser freier Welthandel, sondern Politik und Wirtschaft handeln sehr genau aus, welche Märkte füreinander geöffnet werden und welche nicht. Warum sollte das bei Holzfiguren aus dem Erzgebirge anders sein als bei T-Shirts oder Turnschuhen – wenn die Politik die Märkte freigegeben hat? Normalerweise ist der volkswirtschaftlich ruinöse internationale Lohnkostensenkungswettbewerb den *Tagesthemen* nicht einen Bruchteil der Sendezeit wert, die man mit Wendelin Wiedeking verplaudert, obwohl davon sehr viele Menschen dramatisch betroffen sind, doch hier bietet sich die schöne Gelegenheit, am kleinen lokalen Beispiel zu zeigen, dass die unheilige böse chinesische Wirtschaft am Werke ist. Die *Tagesthemen* verwechseln hier ganz einfach das Fälschen von Markenprodukten mit den Gepflogenheiten geöffneter Märkte. Ein Lehrstück darüber, wie die öffentlich-rechtlichen Fernsehnachrichten die Realität der Globalisierung systematisch ignorieren oder aber – wie hier – verdrehen. Wir werden das in einem eigenen Kapitel genauer beschreiben.

Der letzte Weltdeutungsversuch der *Tagesthemen* findet als Wetterbericht statt. Es ist der einzige mit Erkenntnisgewinn.

Medienirrealität. – Die öffentlich-rechtlichen Fernsehnachrichten behaupten, ihren Zuschauern eine Grundversorgung mit politisch-gesellschaftlichen Informationen zu bieten. Darin besteht auch ihr Programmauftrag. Ein großer Teil der Bevölkerung sieht in den öffentlich-rechtlichen Fernsehnachrichten die seriöseste Form politisch-gesellschaftlicher Information. Medienrealität im normativen Sinne soll politisch-gesellschaftliche Vorgänge so darstellen, dass ihre Nutzer sich eine eigenständig begründbare Meinung bilden können. Wie ich am Beispiel je einer Ausgabe von *Tagesschau* und *Tagesthemen* gezeigt habe, kann weder ein vorgebildeter noch ein naiver Betrachter aus den angebotenen Nachrichten begründbare Meinung ableiten.[39] Dieser Befund lässt sich umstandslos auf sämtliche öffentlich-rechtlichen Fernsehnachrichten übertragen. Die Nachrichten der privaten Fernsehsender kann man hier außer Acht lassen. Sie fühlen sich keinem entsprechenden Programmauftrag verpflichtet. Wenn dem aber so ist, dass die Hauptlast der politischen Kommunikation dieser Gesellschaft über Kanäle läuft, die das nicht annähernd leisten, dann darf man sagen, kann die Demokratie in diesem Lande nicht funktionieren. Eben weil die hauptberuflichen Organe der politischen Willensbildung – die öffentlich-rechtlichen TV-Nachrichten – nicht die Informationen bieten, die erlaubten, *bewusste* Meinungen zu bilden. Sei es, weil die angebotenen Informationen unvollständig, unverständlich, einseitig oder schlicht falsch sind.

Man könnte die Sache natürlich auch anders sehen: Die Demokratie funktioniert in dem Ausmaß, wie die Tagesshows demokratische Öffentlichkeit simulieren. Und das würde wiederum ganz gut den Zustand dieser Demokratie erklären: einerseits den erschreckend breiten Verfall des Vertrauens in

---

[39] Außer man analysiert die Nachrichten auf einer Metaebene.

die Demokratie und andererseits das nahezu vollständige Verschwinden politischer Programme, die diesen Namen verdienten. An deren Stelle treten zunehmend amerikanische Luftballonpartys, in denen debile Gesinnungsrhetorik und kirmesartige Theatralisierung »Sympathien« erzeugen. Mittlerweile glauben achtzig Prozent der Wähler nicht mehr daran, dass Wahlen eine entscheidende politische Rolle spielen. Wahlen werden zu monatelangen Pferderennen. Die Tagesshows spielen das Wettbüro. Öffentlich-rechtliche Nachrichtensendungen tun zwar gerne so, als verweigerten sie sich der sogenannten »Boulevardisierung«, zugleich verweigern sie aber auch eine Informationsleistung, die diesen Namen verdiente. Am Ende mag man sich dann darüber streiten, ob es informativer ist, Schäubles furchterregende WM-Propaganda in den Rang einer politischen Erkenntnis zu erheben oder in Horst Seehofers Liebesleben zu stochern, wie es die Schmuddelblätter getan haben.

Die Tagesshows bilden keine Realitäten, sie schaffen auch keine Medienrealität, sondern Medienirrealitäten. Realität bedeutet ein Feld wahrgenommener und wahrnehmbarer Zusammenhänge, zu denen ich mich durch Handlungen oder Überzeugungen verhalte. Politik kann ich nur erfassen auf der Ebene einer durch Medien symbolisch hergestellten Realität. Doch man zeigt uns diese Realität nicht, man zeigt uns ein Simulacrum, das größtenteils aus Verlautbarungen besteht, die eigens für die Tagesshows geschaffen wurden. Ein Simulacrum wie die Übergabe des Berichts der Baker-Kommission an Präsident Bush im Morgengrauen. Als wäre dem Präsidenten der Bericht nicht längst bekannt. Es geht einzig darum, den Bericht in ein abfilmbares Ereignis zu verwandeln.

Man präsentiert uns die Welt als eine Folge simulierter Ereignisse, eine Realität, die keinerlei Wert auf unsere Beteiligung legt, ein pausenloses Fait accompli. Das Reale ist stets ein Prozess. Die Tagesshows stellen das Reale still, frieren es in

Ereignissen ein, die keine sind. Ereignisse, in denen das Reale Audienz gewährt: ein Blick auf den Kabinettstisch voller verschlossener Akten, eine Pressekonferenz bei Porsche oder Telekom, wo Wirtschaftskapitäne Kurs nehmen, aber der Besatzung das Ziel verschweigen, Straßenbau in Südafghanistan als verheimlichter Trampelpfad in einen neuen Krieg und ein Achilles Bonfanti als Kronzeuge der schweigenden Mehrheit, aus Bagdad ein gespenstisches Meinungsallerlei.

Würde man den zeremoniellen Vortrag einer Ellen Arnhold, die Riten des Seriösen bei der *Tagesschau*-Ausgabe um 20 Uhr mit minimalen Mitteln verfremden, den murmelnden Fluss der Botschaften von Nichts ein wenig in seinem Bett irritieren, nicht um ihn aus dem Rhythmus zu bringen, sondern um den Rhythmus zu zeigen, dann hätte man den surrealen Traumbericht in nuce, eine magische Suada, in der das Nebeneinander von Zementherstellern, Keimzelle Familie und Wendelin Wiedeking wie Perlen eines Rosenkranzes erscheinen und die einzelnen Nachrichten der Tagesshows als Gebete um Sinnstiftung in den Himmel steigen.

Wir müssen allen Ernstes auf diese Technik zurückgreifen, um ein anderes, ganz reales Mysterium zu klären: Wie ist es möglich, dass viele Millionen Menschen dieses öffentlich-rechtliche Nachrichtenpotpourri für eine seriöse Informationsleistung halten? Zum einen liegt dies natürlich an der Inszenierung als Hochamt der Information, dem die Zuschauer vertrauen und deshalb glauben, andere Formen der Information nicht mehr zu benötigen. Aber es könnte natürlich auch sein, dass sie im Laufe der Zeit gelernt haben, politische Information nach dem Muster der Tagesshows zu verstehen: als eine mehr oder weniger bunte Ansage des Realen. Eines Realen, das uns nicht dargestellt wird, um unsere Schlüsse daraus zu ziehen, sondern als eine Folge von Imperativen: So ist es – dies sind die Koordinaten des Weltverlaufs. Richte dich darauf ein – »rechne mit deinen Beständen«, um es mit einer Zeile von Gottfried Benn auszudrücken. So gesehen, und nur so gesehen, machen die Tagesshows auf einmal Sinn.

Und die 20-Uhr-Ausgabe der *Tagesschau* vom 6. Dezember 2006 wird unter diesen Umständen zu einem zusammenhängenden Text voller Ansagen: In den USA bereitet man sich auf eine Änderung der Irak-Strategie vor. Die weltpolitischen Realitäten werden in Washington hergestellt. Doch »unser« Straßenbau in Afghanistan und die Meldung von einem Selbstmordattentat erinnern daran, dass wir selbst im Kampf gegen den Terrorismus an der Front stehen und Stellung beziehen müssen. Insofern darf man die Politik der USA nicht wirklich kritisieren. Ja, die Fußballweltmeisterschaft war schön, ökonomisch profitabel und als Exportversion unserer geheilten Mentalität unbezahlbar. Doch in der real existierenden Wirklichkeit arbeiten Saboteure – Fußballfans – an dem schönen Bild, weshalb der Ligaausschuss die Aufsicht verstärken muss. Köhler vergesellschaftet die Familie, und der DGB profiliert sich bloß ein bisschen. An Hartz IV wird nicht gerüttelt. Die sorgenvollen Gesichter der Manager von überaus profitablen Unternehmen verraten weitere Schreckensmaßnahmen. Es geht ums Überleben, und im Angesicht dieses extremen Dramas spielen irgendwelche kommoden Besitzstandsansprüche der arbeitenden Bevölkerung keine Rolle. Gleichwohl zeigt man am Beispiel der Zementhersteller, dass es noch eine Gesellschaft gibt, die der Wirtschaft Regeln setzt. Und der angekündigte Amoklauf erinnert uns an das Blubbern der Gewalt, die uns alle ständig und überall betreffen kann. Weshalb wir einen starken Staat brauchen. Und im Hintergrund der Mars-Bilder erkennen wir die enorme technische Reichweite des Menschen. Wenn man über Millionen von Kilometern Spuren von Wasser entziffern kann, dann kann man sich vorstellen, was solche Richtteleskope auf Erden entdecken.

Das ist ein möglicher Text. Viele solcher Texte sind denkbar, sie entstehen im Kopf des Betrachters. Alle diese möglichen

Texte werden jedoch ein gemeinsames Merkmal aufweisen: Sie handeln niemals von einer Welt, über die wir uns eine Meinung bilden können oder sollen, sie bestehen aus einer Kette von Verfügungen, normativen Markierungen des Realen.

Die *Tagesschau* habe den Informationswert eines Fix-und-Foxi-Heftchens, hat der Kabarettist Dieter Hildebrandt bereits vor geraumer Zeit festgestellt. Wenn man Information als einen kognitiven Prozess betrachtet, hat er völlig recht. Trotzdem verbreiten die Fernsehnachrichten ein folgenreiches Weltbild.

Ulrich Schmitz vertritt in seinem Buch über die *Tagesschau* als »postmoderne Concierge« die These, dass man die *Tagesschau* im Prinzip maschinell herstellen könnte. Und er hat dazu eine aufschlussreiche und komplexe Analyse der Textsorte »Fernsehnachrichten« vorgenommen. Dabei hat er u. a. festgestellt, dass sich in den ersten zwei oder drei Zeilen einer Meldung all das finde, was man die Basisinformation nennen könne: wer, was, wann, wo, wie. Alles, was darauf folge, habe keine Erzählstruktur und auch keine Argumentationslogik, es sei schlicht beliebig, auch beliebig verlängerbar oder kürzbar, insofern: postmodern. Bis zu einem bestimmten Grad teile ich seine Beobachtungen. Ich würde allerdings sagen: Alles, was auf die Basisinformation folgt, scheint beliebig, ist in Wahrheit aber der Stoff, aus dem Sprachregelungen geschaffen werden. Und Sprachregelungen sind die eigentliche Botschaft der Fernsehnachrichten: Die als Information getarnte Mitteilung, was man wie zu sehen habe.

Ich weiß nicht, wie oft ich Politiker und sogar intelligente aufgeklärte Menschen im Fernsehen oder sonst wo in der Öffentlichkeit vergnügt darüber habe räsonieren hören, dass man Saddam doch einfach killen sollte. Das würde einen aufwendigen Krieg ersparen. Niemand hat den Amateurkillern je ihre Auffassung strittig gemacht. Dabei geht es hier einfach um Mord, vom Völkerrecht braucht man heute ja erst gar nicht mehr zu sprechen. Dieser weit verbreiteten Einstellung liegt eine Haltung zugrunde, die besagt: Wenn man den irakischen Diktator ermordet oder sein Regime irgendwie beseitigt, kann man eigentlich nichts falsch machen. Das ist bis heute die offizielle Haltung der US-amerikanischen Regierung, ihrer Verbündeten und eines Großteils der internationalen Zuschauerschaft, die diesen Krieg hinnimmt. Diese groteske, sämtliche Errungenschaften der Moderne vergessende oder verleugnende Sicht der Dinge ist das Ergebnis dessen, was ich die Politik der Sprachregelungen nenne. Sie beruht auf einer so trivialen wie vormodernen Zuschreibung: Saddam Hussein ist böse, oder, um es wie der deutsche Schriftsteller Hans Magnus Enzensberger auszudrücken: Saddam = Hitler.[40] Und diese Erkenntnis beruht auf einer politischen Strategie, die in Tausenden von Fernsehnachrichten verbreitet und verbreitert wurde: immer neue Kunde vom Treiben der Bestie – ein buntes Allerlei aus Fakten, Erfindungen und Mythen des Bösen.

Man kann den Zeitpunkt, an dem diese Sprachregelung aus der Taufe gehoben wurde, genau datieren. Es war im August 1990, und die Karriere dieser Sprachregelung ist seitdem bekannt. Im August 1990 besetzte der Irak Teile des Nachbarlandes Kuwait. Dafür gab es bestimmte Gründe. U. a. ging es um seit langem bestehende Grenzstreitigkeiten, eine koloniale Erblast, doch viel wichtiger waren die unterirdischen Erdölfelder und die Rechte der Ausbeutung. Es gab auch noch andere Gründe, von denen wir nie erfahren sollten. Denn das Böse folgt keiner politischen Rationalität, nicht einmal einer verwerflichen Rationalität, sondern es ist die Triebnatur der von Gott Verlassenen. Doch, kein Zweifel, die Okkupation fremden Territoriums ist nicht ohne weiteres hinnehmbar. Und in Gestalt des Völkerrechts und der UNO gibt es zwei In-

---

40 *Hitlers Wiedergänger*, In: *Der Spiegel*, Nr. 6, 4. Februar 1991.

strumente, die erlauben, dagegen vorzugehen. Meistens allerdings funktionieren diese Instrumente nicht, und die Welt schaut betreten weg, wenn China Tibet besetzt oder Israel Teile des Libanon.

Im Falle des Irak indes konnte die Aufregung gar nicht hell genug lodern. Der Kalte Krieg war gerade abgesagt, jetzt bot sich Kuwait als Gelegenheit an, die neuen Scheidelinien auf Erden zu definieren: die alten Guten und die neuen Bösen. In Windeseile hatten die Amerikaner es geschafft, die UNO in ihrem Sinne zu instrumentalisieren und große Teile der westlichen Öffentlichkeit auf Kurs zu bringen. Und mit noch nie da gewesener Geschwindigkeit, Brutalität und Unverhältnismäßigkeit wurde jetzt das Völkerrecht gegen den Irak vollstreckt. Es gelte den Anfängen zu wehren und den Satan Hussein daran zu hindern, morgen die ganze Welt zu erobern. Die Verdeutschung dieses Blödsinns kann man bei Enzensberger in unnachahmlicher Form nachlesen. Immerhin hatten die USA es geschafft, wenigstens für diesen Krieg der UNO ein völkerrechtliches Mandat abzuringen. Als die Vereinigten Staaten dreizehn Jahre später und nachdem sie bereits Hunderte von Völkerrechtsverbrechen gegen den Irak verübt hatten, den Irak besetzten und Hunderttausende Menschen ihr Leben lassen mussten, blieb der Schrei des Entsetzens derjenigen, die in der irakischen Besetzung Kuwaits den Auftakt der islamischen Großoffensive sehen wollten, entweder ganz aus oder er war kaum hörbar. Das ist ein anschauliches Beispiel dafür, wie die Politik der Sprachregelungen funktioniert: Was erlaubt ist und was verboten – das wird von Fall zu Fall bekannt gegeben.

In diesem Fall könnte man das Spiel der Sprachregelungen noch weiter zurückverfolgen. Denn ab August 1990 war vollkommen vergessen, dass Saddam Hussein bis dahin unser Mann fürs ganz, ganz Grobe gegen den Iran gewesen war. Ohne mit der Wimper zu zucken, hatte die »freie Welt« den hässlichen Diktator vom Tigris mit allen Waffen ausgestattet, die er verlangte, um Krieg gegen die verhassten Mullahs zu führen. Inklusive natürlich der später berüchtigten Massenvernichtungswaffen, die dann wiederum ausgezeichnet taugten, um seine abartige Gefährlichkeit zu belegen. Man kann die Umstände sozusagen nach Belieben neu definieren. Das ist die Politik der Sprachreglungen. Und man möchte fast behaupten: Sie sind die neuen gefährlichen Massenvernichtungswaffen.

Seit fast zwei Jahrzehnten wird die Aufmerksamkeit auf ein bestimmtes Gebiet fokussiert, um dort das neue Böse zu züchten. Dass es auf der Welt noch jede Menge andere Kriege und Konflikte gibt, noch reichlich Diktatoren, die wir indes nicht immer so nennen möchten, noch jede Menge schreiendes Unrecht, all das spielt kaum eine Rolle.

Sprachregelungen sind von außerordentlich schlichter Webart, und ihre Exekution funktioniert erst dann richtig, wenn man ihnen eine genauso schlichte aggressive Rumpfmoral beiseitestellt: Wer das Böse nicht bekämpft, ist selbst böse. In Zeiten wie unseren muss man es leider ausdrücklich sagen und eigentlich pausenlos wiederholen: Das ist der totale Verrat an der Moderne und ihren Errungenschaften. Nein, wir dürfen nicht einmal den Mörder unserer Mutter umbringen, genau dafür gibt es Gesetze, und im Völkerrecht verhält es sich ähnlich.

Jetzt könnte man natürlich fragen: Was können die Tagesshows dafür? Haben sie uns zu Kriegen aufgefordert? Haben sie nicht vielmehr getan, was ihre Aufgabe ist: nämlich einfach wiedergegeben, was amerikanische Präsidenten denken und befehlen, wie Bundeskanzler, Chefdiplomaten und UNO-Präsidenten sich äußern?

Nachrichten in ihrer vornehmsten Definition bedeutet, Informationen zu übermitteln, die erlauben, die Konturen einer Situation zu erfassen und sie bewerten zu können. Ich weiß:

Wo sind die Grenzen? Welcher und wie vieler Informationen bedarf es, um »die Konturen einer Situation« zu erfassen? Es gibt wahrscheinlich keine prinzipielle Antwort darauf. Ich will das Problem an einem einfachen Beispiel erläutern: Stellen wir uns die fiktive Meldung einer fiktiven Tagesshow zu einem realen Ereignis vor. So könnte es z. B. im Mai 1943 folgende Meldung gegeben haben: »Gestern wurden 7000 Aufständische des jüdischen Viertels in Warschau unter scharfen Sicherheitsvorkehrungen von der Gestapo in das Gefangenenlager Auschwitz transportiert.« Was wäre unwahr an dieser Meldung – außer das Ganze? Ohne dass ein Element dieser Meldung völlig falsch wäre, produzieren die Sprachregelungen eine Fälschung des Ganzen: Was hat die Gestapo in Warschau zu suchen? War das »jüdische Viertel« nicht ein Ghetto, in das man Tausende von Juden eingeschlossen hatte, um sie dem sicheren Hungertod zu überlassen? Und schließlich war Auschwitz nicht nur ein deutsches Gefangenenlager in Polen, sondern vor allem das größte deutsche Menschenvernichtungslager. Hat der Nachrichtenredakteur gelogen? Er hat sich vollkommen an die Sprachregelungen seiner Zeit gehalten und so nicht über seine Zeit informiert, sondern seine Zeit in diesen Sprachregelungen eingeschlossen. Die wahre Botschaft dieser Nachricht ist die Sprachregelung. Man weiß nicht, was »wirklich« geschehen ist, aber man weiß, wie man das zu sehen hat, was auch immer da geschehen sein mag. Und so wurde aus der Geheimen Kommandosache des Holocaust ein kollektives Geheimnis.

Was besagt dieses Beispiel? Wie jeder heutige Tagesshow-Redakteur würde der Redakteur jener Meldung aus dem Jahr 1943 sagen, er hätte ja nur abgebildet. Und es stimmt: Hätte er geschrieben, Juden hätten gegen ihren organisierten Hungertod in einem grausamen Ghetto in einem überfallenen und besetzten Land rebelliert, hätte jeder Zuhörer vermutet, hier handele es sich um den Feindsender. Das heißt, die Nachricht erzeugt ihren Schein von Objektivität durch totale Anpassung an die Sprachregelung ihrer Zeit, wodurch sie zugleich nicht nur eine Sprachregelung wiedergibt, sondern ebenso verkündet und zum Maßstab macht.

Wir können dies problemlos als das Dilemma aller Nachrichten auf die Gegenwart übertragen. Allerdings mit einem Unterschied: Schließlich leben wir ja allen öffentlichen Bekenntnissen zufolge in einer pluralistischen Demokratie. Kann man da von offiziellen Sprachregelungen überhaupt sprechen? Gewiss, alles eine Sache des Radius. Und dieser Radius ist in den letzten Jahren enorm geschrumpft. Mit Sicherheit hat das entscheidend dazu beigetragen, dass die Informationskatastrophe unserer Tagesshows sich mittlerweile fast von selbst entlarvt. Seit 2005 leben wir formal unter der Dunstglocke einer großen Koalition. Doch bereits mit dem Dienstantritt der rot-grünen Koalition 1998 unter Gerhard Schröder, mit der die Sozialdemokraten zu Platzhaltern einer »neuen« Mitte wurden und die Grünen sich umgehend von jedweder Rhetorik aus Zeiten der »sozialen Bewegungen« verabschiedeten, spätestens seitdem finden sich 90 Prozent des parlamentarischen Raums unter dem uniformen Dach des Neoliberalismus und dem daran angeschlossenen Weltbild vereint. Programmatische Differenz – falls man überhaupt ernsthaft davon sprechen kann – findet seitdem eher innerhalb der Parteien statt und nicht zwischen den Parteien. Die Differenzen eines Peter Gauweiler (CSU) oder Willy Wimmer (CDU) mit der Kanzlerin in Sachen Afghanistan-Einsatz der Bundeswehr sind ungleich größer als Merkels Differenzen mit ihrem sozialdemokratischen Vizekanzler Müntefering oder dem sozialdemokratischen Parteichef Kurt Beck. Bei der SPD, der FDP und den Grünen lassen sich dieselben Tendenzen bei den unterschiedlichsten Themen feststellen. Doch diese innerparteilichen Differenzen sind marginalisiert außerhalb des großen parteiübergreifenden neoliberalen Konsenses.

Am Beispiel des Irak lässt sich sogar zeigen, wie die unterschiedlichen Haltungen der Parteien nicht zu einer programmatischen Differenz ausgebildet wurden. Kanzler Schröder hat seiner Partei einfach eine Nichtteilnahme am amerikanischen Feldzug verordnet, aber er hat zugleich dafür gesorgt, dass diese Verweigerung programmatisch gestalt- und gehaltlos blieb, und praktisch hat er sich bemüht, diesen Anflug von Dissens durch heimliche Kollaboration zu mildern. Deshalb hat es in Deutschland auch nie eine nennenswerte kontroverse parlamentarische Diskussion über den Krieg gegeben, bloß weitgehend stumme Lager.

Im Gegensatz dazu muss es in den 70er Jahren für die Tagesshows relativ leicht gewesen sein, den quasi-totalitären Sprachregelungen unserer Tage zu entgehen: Allein im parlamentarischen Raum bot sich ein im Vergleich zu heute außerordentlich weites Feld unterschiedlicher Weltanschauungen dar, flankiert von einflussreichen außerparlamentarischen Bewegungen, an deren Stelle in der Gegenwart Kohorten bleicher und unsichtbarer Lobbyisten getreten sind. Kurz, unter den Bedingungen einer realen großen Koalition und einer grotesk uniformen Meinungslandschaft entlarven sich die von jeher trügerischen Objektivitätsinszenierungen der Tagesshows fast von selbst. Es genügt, an Schäubles peinliche WM-Propaganda zu erinnern. Im Parlament fände sich keine repräsentative Stimme, die gegen diesen Unfug aufstände. Es wäre ein Leichtes, mit herkömmlichen journalistischen Mitteln Schäubles Version vom Sommermärchen kritisch zu trüben. Doch dadurch setzte sich die *Tagesschau* dem Verdacht aus, Partei zu sein, ein Feindsender, gar ein – horribile dictu – linker. Was also macht die *Tagesschau*, um wenigstens den Hauch einer sachlichen Objektivität herzustellen? Sie bringt eine zweite Meldung, der zu entnehmen ist, dass es in der Fußballwelt vielleicht doch nicht ganz so lieblich zugeht, wie der Innenminister zu behaupten beliebt. Das sind die keineswegs seltenen Fälle, bei denen man deutlich sieht, dass die Nachrichtenmacher intuitiv genau verstehen, wie ihr Geschäft funktioniert.

Kommen wir zurück auf das Problem der Objektivität. Chefredakteur Kai Gniffke und Moderatorin Anne Will schwärmen gleichermaßen von Objektivität und dem eigenen Standpunkt ihrer Sendungen. Als ob die beiden Pole einander nicht ausschlössen. In Wahrheit sind die Tagesshows weder objektiv, noch vertreten sie einen eigenen Standpunkt. Und zweifelsohne haben beide verstanden, dass es Objektivität gar nicht geben kann. Umso mehr Wert legen sie auf die Inszenierung von Objektivität.

Das strukturelle Problem aller Nachrichtensendungen besteht darin, dass es keine Objektivität und auch keine Wahrheit geben kann. Dennoch gibt es so etwas wie objektivierbare Unwahrheiten. Dieses Problem ist nicht lösbar. Man könnte den Idealen nur nahekommen, wenn man die Sache beim Namen nennt. Doch die Tagesshows tun alles, um das Problem zu verdecken, indem sie sich maximal an die herrschende Meinung anpassen und sie im gleichen Zuge als Realität »realisieren«.

Aber Fernsehnachrichten übernehmen in diesem Spiel eine besondere Rolle, und zwar nicht allein durch ihre enorme Reichweite. Fernsehnachrichten erhalten ihr spezifisches Gewicht dadurch, dass sie auf unnachahmliche Weise die Basisinformationen in Anschauung verwandeln können. Es gelingt ihnen, die Sprachregelungen, die in der Basisinformation einer Nachricht bereits enthalten sind, in eine vermeintlich sinnlich wahrnehmbare Realität einzuschreiben: in textgestützte Bilder. Die Bildberichterstattung der Fernsehnachrichten verschafft den verkündeten Sprachregelungen ihre Evidenz im (simulierten und fragmentarisierten) Realen.

Und hier empfiehlt es sich, auf die Beschreibung von Ulrich Schmitz zurückzugreifen. Schmitz nennt die *Tagesschau* eine

»postmoderne Concierge«. Concierge, weil sie ein Wächteramt ausübt: Welche Nachrichten werden überhaupt reingelassen – und postmodern nennt er die Nachrichten, weil die *Tagesschau* ihnen die Rationalität verweigert. Das ist völlig richtig und doch nur die halbe Miete.

Das Fragmentarische und Irrationale der Fernsehnachrichten speist sich aus zwei Quellen. Einerseits will die *Tagesschau* nur »abbilden«, um objektiv zu wirken, und insofern verweigert sie eine eigene Argumentation. Andererseits praktiziert sie eine Art durchgeknallten Hegelianismus: Das Reale ist das Vernünftige. Der perspektivische Leitfaden für das Reale einer *Tagesschau* ist die geltende Sprachregelung. Die Fernsehnachrichten machen aus den Sprachregelungen eine Vernunft, an der zwar nichts vernünftig ist, aber alles real.

Wenn das US-amerikanische Regime das irakische Regime wegbombt, dann sieht die *Tagesschau* ihre Informationsleistung nicht darin, uns in die Logik dieses Kriegs einzuweisen, sondern sie informiert uns stets nur über die neuesten Sprachregelungen: die Bestie Saddam, die Massenvernichtungswaffen, Al Kaida, dann das Demokratieprojekt, schließlich die »Neuordnung« der Region. Wohlgemerkt, die *Tagesschau* sieht ihre Aufgabe nicht darin, diese geradezu irren Sprachregelungen zu entlarven, sondern im Gegenteil darin, sie uns zu vermitteln, durch hundertfache Wiederholung und Variation uns einzuweihen. Und an der Stelle einer politischen Rationalität erscheint das Reale als normative Macht: die Bilder und Statements gewählter Präsidenten, gekrönter Häupter, soignierter »Experten« – sie alle geben den Sprachregelungen jeden Tag aufs Neue das Gewicht des Realen, und sie geben ihren Sprachregelungen das Gesicht einer Vernunft.

Jede komplexe argumentative Rationalität verschwindet angesichts der Visagen des Realen. Man muss die Spuren jeder Wissensrationalität, wenn sie sich je zeigen sollte, löschen. In diesem Sinne wäre etwa die Logik der Menschenrechte bereits zu komplex. Wer auf die Theorie der Menschenrechte zurückgreift, könnte seine Zuschauer dazu verleiten, diese Theorie ernst zu nehmen, und diese könnten auf die Idee kommen, dass Menschenrechte ja universal sind und also nicht nur dort durchgesetzt werden können, wo Politik und Medien gerade ihre Scheinwerfer aufgebaut haben. Ferner könnte der Zuschauer die Vermutung hegen, dass Menschenrechte nicht mit Napalm und Bombengeschwader durchgesetzt werden können, denn dabei handelt es sich um das Menschenrechtsverbrechen schlechthin. Mit anderen Worten: Menschenrechte verbieten, dass der Zweck die Mittel heiligt. Also zieht man das Niveau auf eine leere Sprachregelung runter: »humanitär«. Humanitär ist gut, nein: ist DAS GUTE. Man zeigt uns Bilder weinender Frauen, nennt sie Opfer und verweist auf den Wald am Horizont, in dem sich gerade die Täter sammeln, um neuerlich zu meucheln. Schon sind wir der Sprachregelung teilhaftig geworden: Wir retten jetzt Frauen. Leider versäumt man dann regelmäßig, uns die Realitäten der Rettung zu zeigen und die vielen toten Frauen, die ihre Rettung nicht überlebt haben. Die höhere Floskel des Humanitären hat die Logik ihrer Mittel losgetreten. Wir bedauern den Tod einiger Unschuldiger. Wie viele es genau waren, erfahren wir nicht, und so genau will es auch niemand wissen. Doch kann das Humanitäre je falsch sein? Das ist die Sorte Sprachregelungsrationalität, die wir aus den Fernsehnachrichten lernen. Und diese Rationalität besteht aus nichts anderem als aus der abgebildeten Realität derer, die aus der Höhe ihrer Ämter und der Weisheit ihrer Macht diese Sprachregelungen täglich in die wartenden Mikrophone stammeln.

Kurz, Fernsehnachrichten funktionieren reibungslos als die Vollzugsbeamten jener »Realität«, über die sie angeblich nur berichten wollen. Es wird allmählich Zeit, sich dem Problem einmal zu stellen.

> »Der früher überwiegende Typ des Programm-Verantwortlichen wird zur Ausnahme in einer Medienlandschaft, die in wachsendem Maße von pragmatisch-opportunistischen ›Programm-Machern‹ bestimmt wird, deren Leitlinien zunehmend von Quotenerfolgen und Aktienkursen bestimmt werden. Das Shareholder-Value greift im 21. Jahrhundert auch in den Medienunternehmen um sich. Was dabei auf der Strecke zu bleiben droht, sind so altmodische Begriffe wie kulturelle Verantwortung, kommunikative Qualität, gesellschaftlicher Auftrag und Menschenwürde.«
>
> MANFRED JENKE [41]

3

Globalisierung?

Der Chefredakteur und die Globalisierung. – Das pragmatische Zentraltheorem der Tagesshows besteht in Folgendem: Die Realität produziert und aktualisiert sich in »verfilmbaren« Ereignissen. So gesehen hat es der entscheidende politisch-ökonomische Prozess unserer Tage sehr schwer, in den Fernsehnachrichten auch nur andeutungsweise zu erscheinen: die Globalisierung. Denn Globalisierung beruht auf einem außerordentlich spröden und versteckten Stoff: den Verträgen und Vorschriften, die zwischen Regierungen ausgehandelt werden, und der Politik internationaler Behörden wie der Welthandelsbank, Welthandelsgesellschaft oder dem Welt-

---

[41] Zit. n. J. Bertram, a. a. O., S. 144. Manfred Jenke war 1974–1993 Hörfunkdirektor des WDR.

währungsfonds. Das ist eine Materie, mit der man uns in den diversen Tagesshows gewissermaßen prinzipiell verschont. Hier besteht also fast keine Chance auf Fehlinformation, weil die Tagesshows die Vorgänge der Globalisierung einfach ausblenden. Auch wenn dann zentrale Grundlagen der Gegenwart schlicht fehlen. Oder vielleicht deshalb? Dafür beschäftigt man sich lieber ausgiebig mit den flammenden Produkten der Globalisierung: den neuen Kriegen. Da allerdings in den Tagesshows Globalisierung nicht in nennenswerter Weise vorkommt, kann man diese Kriege natürlich auch nicht zur Politik der Globalisierung in Bezug setzen.

Die moderne Globalisierung – das Nachfolgemodell des Kolonialismus – geht von den reichen, entwickelten Industriestaaten aus, deren traditionelle (Binnen-)Absatzmärkte keine hohen Wachstumsraten mehr versprechen. Zugleich hat sich in diesen Ländern ein ungeheures und ungeheuer hungriges Finanzkapital gebildet, das dringend nach neuen Einsatzgebieten sucht. Globalisierung könnte tatsächlich nicht nur für die Industriestaaten, sondern auch für den Rest der Welt eine Chance bedeuten, vorausgesetzt, diese Prozesse würden mit Rücksicht auf regionale zivilisatorische und ökonomische Gegebenheiten von einer umsichtigen Politik behutsam umgesetzt. In Wirklichkeit richtet sich die »Rationalität« der Globalisierung allein nach den Prinzipien und Bedürfnissen des Finanzkapitals. Globalisierung, wie sie heute durchgeführt wird, zwingt dem Rest der Welt die Ökonomie und die Mentalität der fortgeschrittenen kapitalistischen Staaten auf und setzt brachial die Öffnung der Märkte nach unseren Regeln durch. Das führt regelmäßig ganze Volkswirtschaften in den Ruin, stiftet Verelendung und sorgt für zivilisatorische Entwurzelung. Und auf die ungeheuren Verwerfungen durch Globalisierung lassen sich die meisten der auf Erden zurzeit geführten Kriege zurückführen. Die Kunst der Tagesshows besteht nun darin, diese Kriege nicht als Folgen der Globalisierung zu betrachten, sondern als Drama ethnischer, religiöser und kultureller Verwerfungen zu vermitteln, in dem die »freie Welt« gelegentlich ein humanitäres Machtwort sprechen muss.

Darüber habe ich mit dem Chefredakteur von *ARD-aktuell*, Kai Gniffke, gesprochen. Doch er will den Befund nicht gelten lassen, dass man den Leuten nicht sage, was Globalisierung tatsächlich bedeute. Möglicherweise nenne man es nicht Globalisierung, aber es würde jeden Tag darüber berichtet. Die prägnantesten Beispiele dafür seien natürlich die VW-Werke in der Slowakei und natürlich der Export von Stahlhütten von NRW nach China. Er räumt allerdings auch ein, dass man diese Analyse nicht immer leiste, aber das ginge auch über die Kapazitäten einer Nachrichtensendung hinaus. Da eben beginne die Grenze zwischen Bericht und Kommentar.

Und ich erwidere: Wenn unsere Kanzler etwa nach China reist, stets ein Rudel von bedeutenden Wirtschaftsführern im Gepäck, wäre das nicht eine gute Gelegenheit, die Realität der Globalisierungspolitik am konkreten Beispiel sichtbar zu machen? Ich hätte den Eindruck, in der Berichterstattung sehe es immer eher so aus, als reisten unsere Staatslenker vor allem als Menschenrechtsbeauftragte nach China. Dankbar greift Kai Gniffke das Beispiel auf und lässt seine journalistische Phantasie schweifen: Die Kunst seiner Korrespondenten bestehe darin, erstens mittels Text zu erklären, was geschieht hinter der Oberfläche, zweitens durch eigene Recherche im Land die Probleme zu zeigen: Es geht auch um die Textilfabriken in China, in denen möglicherweise viele Kinder arbeiten, die dann zu sehr guten Konditionen deutschen Herstellern ihre Waren überlassen. Das konne man in einem 90-Sekunden-Beitrag nicht breit darstellen, doch habe er auch die Chance, das in den kurzen 90 Sekunden anklingen zu lassen. Dafür gebe es ja auch die Form des Aufsagers am Ende des Beitrags, in der der Korrespondent nicht kommentiert, keinesfalls kommentiert, sondern allenfalls eine Einschätzung liefert. Beispielsweise so: Heute war ein wichtiger Tag für die deutsch-chinesischen Wirtschaftsbeziehungen, die waren schon freundlich miteinander, aber unter der Oberfläche gärt es, weil es ums Welthandelsabkommen geht. Alles andere kommt dann in *Tagesthemen* oder *Tagesschau.de.*

Frau Merkel in China. – Nun weilte unsere Bundeskanzlerin tatsächlich vom 22. bis 23. Mai 2006 auf Staatsbesuch in der Volksrepublik China. Im Gepäck 40 Wirtschaftsbosse, angeführt von Heinrich von Pierer, Berater bereits der Regierung Schröder, ökonomischer Chefberater der Regierung Merkel, ehemals Vorstandschef der Siemens AG, dann Aufsichtsratsvorsitzender dieses Unternehmens – ein Mann, an dessen Beispiel sich mittlerweile die kriminelle Energie der Globalisierungskreuzritter bestens erhellen lässt.

Und natürlich berichtet auch die *Tagesschau* ausführlich über den Staatsbesuch. In der 20-Uhr-Ausgabe vom 22. Mai heißt es: »Bundeskanzlerin Merkel hat bei ihrem Antrittsbesuch in China das Interesse Deutschlands an Industrieprojekten bekräftigt. Zugleich sprach sie kritische Fragen an, etwa Raubkopien und Menschenrechtsverletzungen. Zwischen den Terminen mit Politikern traf Merkel auch Bürgerrechtler. Die mitreisende Wirtschaftsdelegation brachte mehrere Exportaufträge unter Dach und Fach. Bei einigen Projekten kam es jedoch nicht zu den angestrebten Abschlüssen.« Es folgt ein aufschlussreicher Filmbericht: Man sieht die Kanzlerin beim Softballspiel mit dem chinesischen Regierungschef, graziöse weltpolitische Gymnastik. Der Pingpong spielende Richard Nixon lässt grüßen. »Chinas Regierungschef Wen Jiabao war sichtbar um eine lockere oder gar freundschaftliche Atmosphäre bemüht«, deutet der Reporter das komplizierte Geschehen.

Gniffke würde wahrscheinlich sagen, jetzt lässt uns der Reporter spüren, dass er nicht auf die Bilder der heilen Welt reinfällt, sondern in die verborgenen Tiefenschichten des Politischen vorstößt. Da sind sie schon: »Später bei einem Arbeitsessen äußerte Angela Merkel freundlich, aber bestimmt die Forderung nach einem besseren Schutz deutscher Produkte vor illegalen chinesischen Kopien.« Dann die Kanzlerin im O-Ton: »Natürlich haben wir auch über das Thema der Menschenrechte in China gesprochen. Und ich – eh – habe deutlich gemacht – eh –, dass aus unserer Sicht – eh – Menschenrechte unteilbar sind. Und dass das – eh – ein wichtiger Teil unserer Kooperation auch bleiben wird.« Nach diesem beeindruckenden Machtwort kommen wir zum geschäftlichen Teil der Veranstaltung: »Unterzeichnet wurden diverse Wirtschaftsabkommen«, berichtet der Reporter. »Das wichtigste: 500 Lokomotiven von Siemens für China. Offen blieben hingegen mehrere Großprojekte: der Aufbau eines deutsch-chinesischen Chemiewerks oder die Verlängerung der Transrapidstrecke bei Shanghai. Die Wirtschaft aber ist immer noch optimistisch.« Und dann spricht die Wirtschaft in Gestalt des Heinrich von Pierer: Man kann nicht alles an einem Vormittag schaffen, gibt der sich gelassen. Zurück zur Weltpolitik: »Protokollarischer Höhepunkt war das Treffen mit Partei- und Staatschef Hu Jintao. Beide Spitzenpolitiker waren sich einig, dass der Irak keine Atomwaffen haben darf. Aber dass die Krise diplomatisch gelöst werden muss.« Wir vermissen die Globalisierungsproblematik, von der Kai Gniffke meint, sie würde bei solchen Gelegenheiten angesprochen. Nun gut, vielleicht erklären uns diesmal die *Tagesthemen*, »warum die Dinge geschehen«.

Da erläutert Susanne Holst: »China ist Deutschlands wichtigster Handelspartner in Asien, umgekehrt handelt China mit keinem anderen europäischen Land so ausgiebig wie mit Deutschland. Das Verhältnis zwischen den Partnern ist freundlich, aber nicht spannungsfrei. Auf ihrem vorerst letzten großen Antrittsbesuch seit ihrer Wahl im Herbst hat sich Kanzlerin Merkel viel vorgenommen. Die Reise sei eine ihrer wichtigsten, aber auch ihrer schwierigsten. Eine Gratwanderung will die Kanzlerin vollbringen, heikle Themen ansprechen, anders als Vorgänger Schröder nicht hinter verschlossenen Türen, sondern offen und vernehmlich. Die Menschenrechte etwa oder Chinas Haltung zum Atomprogramm. Und das alles, ohne dabei die Milliardenaufträge für deutsche Firmen aufs Spiel zu setzen.«

Es folgt der Filmbericht: wieder neckisches Ballspiel mit dem Ministerpräsidenten, Treffen mit Staatschef, Atomkrise Iran. Und dann hört man sie wieder im O-Ton sagen: »Natürlich haben wir auch über das Thema der Menschenrechte in China gesprochen.« Usw. Das war's vom Staatsbesuch. Es folgt ein weiterer Beitrag, der uns über die dubiosen Praktiken der gelben Gefahr informiert: Gemäldekopierer, Fälscherwerkstätten, ein fünfstöckiges Kaufhaus mit nachgemachten Markenartikeln, mit versteckter Kamera aufgenommen. Ist das eigentlich legal? Egal. »Echt ist hier nichts«, konstatiert der Reporter, selbst Harry Potter ist gefälscht. Wir verstehen. Ein irgendwie lächerliches Volk, die Chinesen, aber gefährlich trotzdem. Wie auch immer: Über die Hintergründe der Wirtschaftsbeziehungen erfahren wir nichts. Und auch nicht, ob Heinrich von Pierer als Botschafter der ehrlichen und aufrichtigen deutschen Wirtschaft ein paar Millionen aus den schwarzen Siemenskassen verteilt hat. Doch morgen ist ja nochmal Staatsbesuch.

Begnügen wir uns mit den *Tagesthemen* vom 23. Mai. Da unternimmt Susanne Holst einen neuen Anlauf, die Zuschauer in die komplexe Materie der deutsch-chinesischen Beziehungen einzuweisen. »Bundeskanzlerin Merkel hat sich heute für verstärkte Handelsbeziehungen zwischen dem deutschen Mittelstand und China ausgesprochen. Kleine Unternehmen sollen beim Schritt in die globale Welt künftig besser unterstützt werden. Sie bräuchten Rückendeckung, so Wirtschaftsminister Glos. Die großen Unternehmen könnten sich selbst helfen. Einigen von ihnen bescherte die erste Chinareise der Kanzlerin entsprechende Aufträge in Milliardenhöhe. Auch wenn sich verschiedene hochkarätige Geschäfte trotz intensiver Verhandlungen nicht zu Ende bringen ließen. Heute hat Merkel wieder schmerzhafte Themen beim Namen genannt: Produktpiraterie, Menschenrechte und Religionsfreiheit.« Es folgt der Filmbericht von Sven Kuntze: Angela Merkel besucht den Bischof von Shanghai. »Ein weiteres Mal, um zu dokumentieren, dass es ihr sehr ernst ist mit dem Thema Menschenrechte. Die Regierungsvertreter hatten ihr zwar aufmerksam zugehört, aber die Erkenntnis, dass Demokratie und Freiheit für die Gesellschaft förderlich seien, nur zögerlich angenommen.«

»Bei einem anschließenden Treffen mit Mitgliedern der deutschen Handelskammer in Shanghai verschärfte Angela Merkel den Ton wegen der Produktpiraterie.« O-Ton Merkel: »Ich habe immer wieder darauf hingewiesen, dass wir von deutscher Seite hart und klar vorgehen werden.« Dann fährt sie zum ersten Mal Transrapid. Und Sven Kuntze erläutert: Es muss weiterverhandelt werden. »Ob die Chinesen den Transrapid überhaupt noch wollen, weiß man nicht genau. Entschlossener ging Angela Merkel andere Themen an als ihr Vorgänger.« O-Ton Merkel: »Ich werde darauf achten, dass das Thema geistiges Eigentum an Bedeutung gewinnt, und ich werde auch die zivilgesellschaftlichen Kontakte sicherlich stärken und ansonsten natürlich die Wirtschafts- und Bildungskontakte fördern. Was den gegenseitigen Bildungsaustausch angeht, können wir noch mehr machen.« Sprach die Menschenrechtskreuzritterin und flog in die Heimat zurück.

Das war's aber noch lange nicht für die *Tagesthemen*. Es folgt ein weiterer Hintergrundbericht über China. Denn da gilt es noch ein Kuriosum zu erläutern. Dieses Riesenreich mit seinen ungeheuren Devisenreserven, mit seiner boomenden Wirtschaft, erhält von der Bundesrepublik Deutschland noch Entwicklungshilfe von knapp 70 Millionen Euro. Ein Skandal, den die *Bild*-Zeitung aufgedeckt hatte, der also dringend der Erläuterung bedarf. Denn, so zeigt der Film, dieses Geld ist im Grunde vor allem eine Subvention für die deutsche Wirtschaft. Diese »Entwicklungshilfe« bringt deutsche Technologie nach China: Damit werden Schwelbrände von Kohleflözen gelöscht, Bergwerke gebaut, und mit diesem Geld wird sogar Nachhilfe in deutschem Recht erteilt. Denn natürlich ist die chinesische Justiz noch in einem primitiven Zustand, aber es könnte sich dereinst als sehr klug erweisen, wenn sich in Zukunft deutsche Rechtsvorstellungen in China durchsetzen. Und eine Entwicklungspolitikerin erklärt, dass Japaner, Franzosen und Engländer nur darauf lauerten, ihre »Entwicklungshilfe« an diesen Stellen einzusetzen. So wird der deutsche Steuerzahler beruhigt. Bei der Entwicklungshilfe handelt es sich nicht um »humanitäre« Verschwendung, sondern um eine raffinierte – »nachhaltige« – Form von Wirtschaftssubvention. Wenn der Chinese uns beklaut, dann holen wir uns das auf unsere subtile Weise zurück.

Das sind also die Gelegenheiten, bei denen sich laut Kai Gniffke die Tagesshows den Gründen und Abgründen der Globalisierung widmen. Es sieht allerdings eher so aus, als hätten *Tagesschau* und *Tagesthemen* die Gelegenheit glatt verschlafen – auf den ersten Blick, bei näherem Hinschauen entpuppt sich dann die ganze Berichterstattung als ein bravouröses Verschleierungsmärchen.

Zunächst müsste sich selbst ein naiver Betrachter doch sehr wundern, wie brüderlich vereint deutsche Wirtschaft und Politik in China auftreten. Typen vom Schlage eines Heinrich von Pierer, die keine Gelegenheit auslassen, von der Geißel des Wohlfahrtsstaates zu schwadronieren, von der staatlichen Bevormundung, dem Anspruchsdenken der Bürger, Millionäre, die sich nicht scheuen, einem Hartz-IV-Empfänger die nicht überlebensnotwendige Tasse Kaffee vorzurechnen, ausgerechnet diese Herrschaften unterzeichnen im Kielwasser eines Staatsbesuchs milliardenschwere Verträge, die ganz offensichtlich in enger Abstimmung mit der Politik zustande gekommen sind. Herr von Pierer und die Seinen haben Angela Merkel sogar einen Wunschzettel überreicht, der in 15 Punkten davon handelt, auf welchen Feldern und wie sich die deutsche Wirtschaft demnächst in China zu tummeln gedenkt.[42] Von solchen Papieren ist natürlich niemals in den Tagesshows die Rede. Wenn man allerdings diese Wünsche kennt, die vom Schiffsbau bis zur chinesischen Tourismusbranche reichen, dann fragt man sich natürlich: Was gibt man den Chinesen dafür? Da werden uns die Großaufträge von Siemens und BASF als erfolgreiche Einkaufstour verkauft, doch glaubt jemand im Ernst, die Chinesen verlangten nicht – völlig zu Recht – Gegenleistungen? Nur, wie sieht das aus? Kein Wort darüber. Auch kein Wort darüber, dass der chinesische Import nach Deutschland einen Wert von etwa 40 Milliarden Euro umfasst, während umgekehrt die deutschen Exporte nach China gerade mal 20 Milliarden Euro betragen. Was bekommen die Chinesen dafür, dass sie eine Transrapid-Technologie übernehmen, die bei uns als schwer verkäuflich gilt? Die Regierung Schröder hatte bekanntlich schon über 100 Millionen Euro Anschubfinanzierung geleistet. Dafür hat Heinrich von Pierer Gerhard Schröder bestimmt besonders gut beraten.

Es ist geradezu komisch, wie Wirtschaftsminister Glos im Angesicht von 40 Superbossen aus Deutschland, die sich im Begleittross von Angela Merkel die Taschen füllen, behauptet, die können sich selbst helfen. Solche prächtigen Widersprüche fallen bei den *Tagesthemen* schon überhaupt nicht mehr ins

---

42 *Stern.de.*

Gewicht. Welchen Mittelstand meint Herr Glos, dem er bei den Schritten in die globale Welt Unterstützung angedeihen lassen will? Und wie sieht diese Hilfe genau aus? Subventionen? Vielleicht meint er ja Mittelständler wie den schlauen Emsländer, der mitten im Erzgebirge erzgebirgische Holzfiguren made in China verkauft. Jedenfalls wird er schon mal von 120 dieser Mittelständler nach China begleitet, die die *Tagesschau* mit keinem Wort würdigt.

Wenn die Tagesshows schon ihr Bestes geben, die Realitäten der Globalisierung zu vertuschen, so überbieten sie sich geradezu, wenn es darum geht, den unerträglichen Auftritt der Bundeskanzlerin als zivilisatorische Mission zu heiligen. Es treibt einem die Schamesröte ins Gesicht, wenn die Kanzlerin in gebrochenem Deutsch verkündet: »Und ich – eh – habe deutlich gemacht – eh –, dass aus unserer Sicht – eh – Menschenrechte unteilbar sind.« Was Dümmeres lässt sich über Menschenrechte nicht sagen. Ihrem Begriff nach sind sie bereits unteilbar – und nicht nur »aus unserer Sicht«.

Das Problem besteht nun darin, dass sie für Angela Merkel durchaus teilbar sind. Hätte man je gehört, dass verbrecherische Angriffskriege eine diplomatische Zornesfalte auf ihrer humanitären Stirn hervorriefen? Im Gegenteil. Schließlich handelt es sich um eine Politikerin, die unmissverständlich zu Protokoll gegeben hat, wie gerne sie sich an dem Irak-Krieg der USA beteiligt hätte. »Ich bin der Meinung, dass Deutschland in solcher Situation eine konstruktive Rolle hätte spielen müssen, d. h. die westliche Welt, also die Amerikaner unterstützen müssen. Und zwar nicht, weil wir dies aus Dankbarkeit tun müssen, sondern weil ich es für das vornehmliche deutsche Interesse halte, nach der Wiedervereinigung Deutschlands auch eine führende Rolle in Europa und der Welt zu spielen. Wir sind ein großes Land. Aus diesem Grund heraus glaube ich, dass es richtig war, diesen Krieg zu führen.« So hat sie in der ihr eigenen Brillanz und staatsmännischen Präzision bei *Sabine Christiansen*[43] erläutert, warum Deutschland Krieg gegen den Irak führen müsse. Und diese Person wagt es jetzt öffentlich, die Achtung der Menschenrechte in China einzuklagen. Man spürt es deutlich, wie sie ihren erbärmlichen Menschenrechtsvortrag für deutsche Fernsehkameras als Protokollpunkt runterspult. Selbstredend haben diese Floskeln keinerlei konkrete Folgen. Etwa der Art, dass chinesische Importe nach Deutschland nur dann erlaubt wären, wenn die Waren unter »menschenwürdigen« Umständen hergestellt wurden.

Wann darf man die Kanzlerin auf Guantánamo erwarten, wann wird sie die Todeskammern in amerikanischen Gefängnissen mit ihrem Besuch beehren, wann wird sie auf Staatsbesuch in Israel den Gaza-Streifen als »Ghetto« brandmarken? Man stelle sich einmal vor, der chinesische Staatspräsident verlangte bei seinem nächsten Staatsbesuch in Deutschland als offiziellen Programmpunkt einen Besuch bei Funktionären der verbotenen KPD, von denen womöglich ein paar Genossen wegen des Verbots jahrelang im Gefängnis gesessen haben, um ihnen bei dieser Gelegenheit das Wohlwollen und die Unterstützung der Volksrepublik China zu versichern. Beim anschließenden Staatsbankett brächte er das Problem der deutschen Kinderficker in Asien zur Sprache und – zwischendurch ein Toast auf die deutsch-chinesische Partnerschaft – jetzt müsse er leider auch noch sein Missfallen an der sexistischen deutschen Kultur zum Ausdruck bringen, denn diese Kultur scheine ja dazu zu führen, dass es etwa eine Million an Bulimie erkrankte Menschen in Deutschland gäbe, von denen viele mit dem Tod ringen. Und dies alles wäre mit dem chinesischen Menschenbild nicht vereinbar, und man müsse sich Schritte vorbehalten, wenn hier nicht etwas unter-

---

43 Sendung vom 6. Juli 2003.

nommen würde. Es wäre ein Skandal. Zu Recht. Doch den Auftritt der Bundeskanzlerin empfindet niemand als Skandal. Im Gegenteil: *Tagesschau* und *Tagesthemen* machen sich zur distanzlosen Plattform für eine unerträgliche Anmaßung.[44] Insgesamt taugen sämtliche Berichte vom Staatsbesuch der Angela Merkel in China in den öffentlich-rechtlichen Fernsehnachrichten als Lehrstücke über den Umgang des weißen Mannes mit dem Rest der Welt. Überheblich und verlogen geben sie sich als moralische Zuchtmeister: der leicht kaschierte Rassismus in Zeiten der Globalisierung. Und man spürt, wie einfach es wäre, diesen Rassismus wieder von der Leine zu lassen, wenn die Geschäfte mal nicht mehr so laufen, wie Merkel und von Pierer es wünschen.

Weltwirtschaftsforum. – Jahr für Jahr treffen sich in Davos die internationalen Spitzen aus Wirtschaft und Politik, um die Agenda der Weltwirtschaft zu diskutieren und zu verabreden. So war es auch 2007. Im Januar wurde der Schweizer Luftkurort zum Aufmarschgebiet der Weltwirtschaftsdirigenten. Die »alte« Wirtschaft entsandte 800 Manager und Vorstandsmitglieder, zu denen sich 150 »young global leader« gesellten. Unter den 180 Regierungsmitgliedern befanden sich die Bundeskanzlerin Angela Merkel, der britische Premier Tony Blair, die Ministerpräsidenten von Ägypten, Finnland, Ukraine, der König von Jordanien und noch knapp zwei Dutzend Regierungschefs. Der Weltbankpräsident Paul Wolfowitz gab sich ebenso die Ehre wie Pascal Lamy, seines Zeichens Chef

---

[44] Um den Jägern eines jeden Missverständnisses zuvorzukommen: Die politische Lage und die Situation in China sind durchaus kritikwürdig. Mir geht es hier um die Instrumentalisierung der Kritik und die Selektivität der Wahrnehmung.

der WTO (World Trade Organisation = Welthandelsgesellschaft). Das Thema der Veranstaltung lautete: »Die globale Agenda gestalten im Zeichen sich wandelnder Kräfteverhältnisse«. Und damit wies bereits die Überschrift darauf hin, was wahrscheinlich jedem schon zuvor klar war: Das Weltwirtschaftsforum versteht sich als zentrale Agentur der Globalisierung. Und insofern bot sich das Forum als wunderbare Möglichkeit an, über die Prozesse der Globalisierung am Beispiel dieses zudem prominent bestückten Ereignisses zu informieren. Tatsächlich hatten die Tagesshows auch ihre Kameras aufgestellt, um dann im Folgenden äußerst spärlich zu berichten, und sie haben sich dabei besonders sorgfältig darum bemüht, das Thema Globalisierung gar nicht erst zu erwähnen.

Am Eröffnungstag, dem 24. Januar, schenkt die 20-Uhr-Ausgabe der *Tagesschau* dem Ereignis nur indirekt etwas Aufmerksamkeit. Bush hatte in den USA öffentlich und ganz unverbindlich in Erwägung gezogen, in Zukunft den Benzinverbrauch vielleicht ein wenig zu senken. Im Gefolge dieser bedeutenden Meldung kam dann auch Davos vor, dort griff nämlich Angela Merkel in ihrer Eröffnungsansprache Bushs Vorschlag dankbar auf, und genau dies wurde in der *Tagesschau* im O-Ton gemeldet. Mehr wurde über den Weltwirtschaftsgipfel nicht berichtet. Und auch die *Tagesthemen* versuchten gar nicht erst in Davos zu ergründen, »warum Dinge geschehen«. Ein paar Stunden später macht das *Nachtmagazin* um 0.15 Uhr (also mit Datum vom 25. Januar) das Forum zum Thema – und wieder geht es um Klimaschutz.

Am 25. Januar verzaubern mehrere Ausgaben der *Tagesschau* das Forum in Davos in eine Bühne der Nahost-Gespräche. Um 17 Uhr meldet die *Tagesschau* ein Treffen von Angela Merkel mit dem Palästinenserpräsidenten Mahmud Abbas. Dann liefert uns ein Filmbericht Ausschnitte aus einem Gespräch zwischen einem Rabbi und dem ehemaligen iranischen Staatspräsidenten Mohammad Chātamī. Es soll nicht unterschlagen werden, dass die kurzen Ausschnitte von einem beachtlichen Niveau zeugen. Zu beachtlich jedenfalls für die 20-Uhr-Ausgabe der *Tagesschau*. Auch hier wird Davos ausschließlich als Plattform für Nahost-Friedensgespräche dargestellt. Doch diesmal spielen Abbas und die israelische Außenministerin Tzipi Liwni das Spiel der Friedenstauben, die sich nochmal kurz die Bedingungen zurufen, bevor Frieden werden könnte. Damit ist die Berichterstattung von *Tagesschau* und *Tagesthemen* über Davos so gut wie erledigt. Man hat den Eindruck, einer noblen Weltverbesserungsséance beigewohnt zu haben. Doch der Erfolg der Veranstaltung beruht auf anderem: »Top-Unternehmer berichten über erfolgreiche Geschäfte, die während des Forums in vielen verschiedenen Ecken der Konferenzzone abgewickelt wurden. Wie es ein Firmenchef auf dem Weg vom Frühstücksraum zum ersten Termin formuliert hat: ›Während die andren die Welt retten, rette ich mein Unternehmen.‹ Beinahe zum geflügelten Wort ist die Bemerkung geworden, dass einem drei Tage Davos drei Monate Reisetätigkeit in alle Welt ersparen. Und die Lage der Welt? Über sie ist zumindest ausführlich und ernsthaft gesprochen worden. Das ist ein Wert an und für sich.«[45]

Am 26. Januar wird das Forum noch einmal in den Frühausgaben der *Tagesschau* erwähnt. Die Macher der Tagesshows scheinen davon auszugehen, dass solche Themen die Menschen nicht »bewegen«. Doch wahrscheinlich bewegt Davos sehr viel mehr Menschen als der erste Arbeitstag von Trainer Daum beim 1. FC Köln. Man konnte zum Beispiel einigen Zeitungen[46] entnehmen, dass die EU bereit wäre, ihre Agrarzölle gegenüber einigen wichtigen Agrarexportländern wie Brasilien, Argentinien oder den Philippinen um bis zu 50 Pro-

---

[45] Marc Beise, »Davos, die Bilanz«, *Süddeutsche Zeitung*, 20. Januar 2007.
[46] *FAZ*, 28. Januar 2007; *Junge Welt*, 29. Januar 2007.

zent zu senken. Das dürfte für die deutsche Landwirtschaft erhebliche Folgen haben, ebenso wie es für die genannten Länder erhebliche Konsequenzen haben wird, denn EU-Handelskommissar Peter Mandelson stellte sofort klar, dass er Gegenleistungen sehen will: Die Europäische Union erwarte dafür, dass jene Länder ihre Märkte für Banken, Versicherungsgesellschaften und Telekommunikation öffnen. Überhaupt hatte man sich in Davos geeinigt, die sogenannten Doha-Gespräche, die unter der Ägide der WTO in Doha, Hauptstadt von Katar, von 2001 bis 2006 stattgefunden haben, wieder aufzunehmen. Bei der Doha-Runde werden die zukünftigen Wege der Globalisierung verabredet.[47] Es geht hier nicht darum, ob das wirtschaftlich gut und sinnvoll ist, es geht darum, wie bestimmte Prozesse auf der Landkarte der Information einfach nicht vorkommen.

Weltsozialforum. – Seit einigen Jahren gibt es eine Gegenveranstaltung zum Weltwirtschaftsforum: das Weltsozialforum. Es tritt an unterschiedlichen Orten jährlich zeitgleich zum Davoser Gipfel zusammen. Im Jahr 2007 fand es in Nairobi statt, und zwar vom 20. bis 25. Januar. Das Weltsozialforum versteht sich als die größte internationale Plattform von Globalisierungskritikern. Ein riesiges Aufgebot an NGOs, gewerkschaftlichen und kirchlichen Sozialbewegungen sowie lokalen globalisierungskritischen Gruppen trifft sich hier. Also wiederum ein abfilmbares Ereignis, sogar einigermaßen prominent besetzt, das sich mit den Gründen und Abgründen der Globalisierung beschäftigt. Und wieder hat *ARD-aktuell* die Kameras aufgestellt.

---

47 Siehe *FAZ*, 28. Januar 2007: »Blair dringt auf raschen Abschluss der Doha-Runde. Wiederaufnahme der Welthandelsgespräche«.

Am 20. Januar berichtet die 20-Uhr-Ausgabe der *Tagesschau* an sechster Stelle aus Nairobi. Die Nachrichtensprecherin: »In der kenianischen Hauptstadt Nairobi hat das Weltsozialforum begonnen. Es findet zum ersten Mal komplett in Afrika statt. Rund 80.000 Teilnehmer wollen u. a. über mehr Gerechtigkeit im Welthandel diskutieren. Aus Deutschland nehmen knapp 30 Organisationen teil. Unter ihnen *attac* und *Misereor*. Das Weltsozialforum wurde 2001 als Gegenbewegung zum Weltwirtschaftsforum in Davos ins Leben gerufen.« Der Rest ist Kirchentag. Zunächst verwandelt der Bericht von Jochen Hütte die Veranstaltung in Nairobi in ein internationales Treffen von Sozialarbeitern. »Mit einem bunten Programm aus Musik und Reden wurde das Weltsozialforum mitten in Nairobi im Freiheitspark eröffnet.« Man sieht im Bild bunte junge Leute, die fröhlich mit Transparenten winken. »Die Teilnehmer zeigten deutlich, wofür sie eintraten: für einen gerechten Welthandel, gegen Armut und Krieg, für einen besseren Umweltschutz. Neben den Globalisierungskritikern und Gewerkschaften sind es vor allem die Mitglieder der verschiedenen Kirchen, die so zahlreich vor Ort sind wie noch nie. Ihr prominentester Vertreter war kurz aus Südafrika rübergekommen.« Auftritt Desmond Tutu. Er sagt: »Afrika hat die Chance, ein Riese zu werden. Aber Afrika ist ein schlafender Riese, der erst noch geweckt werden muss.« Damit sind wir bei den sozialen Problemen Nairobis: »In Nairobi leben mehr als 60 Prozent der Bevölkerung in Slums.« Die Welt soll Afrikas Probleme erkennen, wie uns jetzt ein IG-Metall-Vorstandsmitglied erklärt. »Auf den insgesamt 1200 Veranstaltungen sollen in den nächsten Tagen möglichst viele zu Worte kommen und ihre Erfahrungen austauschen.« Es folgt der Aufsager von Jochen Hütte: »Die Tage von Nairobi könnten so etwas wie der Anfang einer sozialen Bewegung in Afrika sein, d. h., dass die Benachteiligten in ihre Länder zurückgehen, sich dort Gehör verschaffen und dann vielleicht etwas an Einfluss gewinnen werden.« So fromm ging es also in Nairobi zu: Hier haben die Benachteiligten spirituelle Kraft getankt und hoffen jetzt auf Gehör in ihren Heimatländern. Als ob es in Afrika nicht schon jede Menge teilweise hervorragender »sozialer Bewegung« gegeben hätte oder gibt und als hätten sie jetzt erst die Weihen »gehört zu werden« erhalten. Nur, was hat das alles mit Globalisierung zu tun? Warum sollte der weiße Mann sich zuständig fühlen für die Slums von Nairobi? Und ist das Weltsozialforum wirklich nur eine Art tröstlicher Gesinnungsparty? Werden da nicht äußerst sachkundig Ross und Reiter genannt, werden da nicht komplexe Weltzusammenhänge beschrieben, von denen die Tagesshows noch nie gehört haben?

Genau in diesem Sinne geht es in den *Tagesthemen* weiter. Tom Buhrow moderiert: »In der kenianischen Hauptstadt Nairobi hat das Weltsozialforum begonnen. Das hört sich jetzt an wie irgendein Kongress mit irgendwelchen Beschlüssen, aber das Weltsozialforum will genau das Gegenteil sein von den Weltwirtschaftsgipfeln der Mächtigen und der Manager. Zum ersten Mal findet er komplett in Afrika statt, da, wo die Unterschiede zwischen Arm und Reich mit Händen zu greifen sind. Allein in der Viermillionenstadt Nairobi gibt es etwa 250 Slums, und es werden ständig mehr. Der Protest gegen solche Zustände soll bis in die reiche Nordhälfte der Welt zu hören sein.«

Und dann bietet Marc Engelhardt zwei Minuten lang seine Variante der Geschichte vom Kirchentag der Wohlmeinenden in Afrika über afrikanische Probleme. Wieder sieht man sympathische junge Menschen mit Plakaten und Transparenten bewaffnet. Dann schiebt sich Pater Daniele in den Mittelpunkt. Seit 16 Jahren kämpft er für die Bewohner von Korogocho, dem ärmsten Armenviertel der Stadt. Immerhin sehen wir jetzt Bilder, die den üblichen Rahmen der *Tagesthemen* bei weitem überschreiten. Menschen, die sich von der Müllhalde ernähren. Ein Interview mit einem kranken und ausgemergelten Bewohner des Viertels, dessen Lunge vom Rauch der Müllkippe schwer angegriffen ist. Pater Daniele hofft, dass durch den Kirchentag die furchtbare Situation weltweit bekannt wird. Damit endet der Bericht. Kurzum, wir haben einen der entsetzlichen Skandale Afrikas kennengelernt, beherzte Menschen appellieren an unsere Aufmerksamkeit und eventuelle Mithilfe. Etwas zugespitzt formuliert: In zwei Minuten hat man die entscheidenden Motive des Weltsozialforums in ihr glattes Gegenteil verwandelt. Es geht nicht um Almosen, es geht nicht um Mitleid, und es geht auch nicht bloß um afrikanische Probleme. Es geht darum, das Elend der Welt als Produkt der Weltwirtschaft zu beschreiben und Auswege zu ersinnen.

Am 25. Januar meldet sich die *Tagesschau* in ihrer 17-Uhr-Ausgabe noch einmal aus Nairobi. Und Birgit Virnich zeigt, wie man in einer Minute und 25 Sekunden komplexe Dinge auf den Punkt bringen kann. Es lohnt sich, ihren Bericht in voller Länge zu transkribieren: »Gerechterer Welthandel, das Ende von Agrarsubventionen in den reichen Industriestaaten und geringere Zölle auf Güter aus den Entwicklungsländern, das sind die konkreten Forderungen der Organisatoren, heute am letzten Tag des Weltsozialforums in Nairobi. Ihre Befürchtung: Das Handelsabkommen von Cotonou läuft aus. Der bisherige Sonderstatus von Produkten aus den Entwicklungsländern fällt somit weg. Freihandelsabkommen dürften zu einer Benachteiligung der Entwicklungsländer führen.« Und dann erklärt Danuta Sacher von *Brot für die Welt*: »Das würde heißen, dass die schwache, im Aufbau befindliche Industrie Afrikas konkurrieren müsste mit den Produkten Europas. Und das ist ein Wettbewerb, da ist schon von vornherein klar, wer den gewinnt bzw. wer den verliert.« Anschließend beschreibt der afrikanische Bauer Justus Lavi die Lage: »Westafrika wird doch schon jetzt mit billigen Hühnerteilen aus Europa überschwemmt, die heimischen Bauern haben keine Chance, die verarmen, und wir haben Angst, dass das die Zukunft ist und Freihandelsabkommen unsere Lage drastisch verschärfen werden.« Birgit Virnich fährt fort: »Auch wenn die Besucherzahlen hinter den Erwartungen zurückblieben, so erreichte das erste Weltsozialforum in Afrika vor allem dieses: Viele europäische Globalisierungskritiker erlebten erstmals hautnah die Probleme von Afrikanern, und am Ende machten die mehr als 1000 Gesprächskreise in Nairobi den Afrikanern Mut, ihre Probleme ernst zu nehmen, und förderten so die in manchen Ländern Afrikas noch wenig ausgeprägte Zivilgesellschaft.«

Man staunt: Am 25. Januar 2007 um etwa 17.05 Uhr räumt selbst die *Tagesschau* ein, dass es so etwas wie Globalisierung in Form konkreter ökonomisch-politischer Prozesse gibt. Man ringt nach Luft. Ist damit unsere Beweisführung hinfällig? Ganz im Gegenteil. Diese eine Ausnahme-Reportage zeigt nur, dass man bei *ARD-aktuell* ganz genau verstanden hat, worüber man sonst lieber nicht berichtet. Das zeigt sich im Übrigen auch, wenn man auf den Internet-Seiten von *Tagesschau.de* stöbert. Abgesehen von den Ungenauigkeiten der Suchmaschine und der Unvollständigkeit des Archivs finden sich dort jede Menge bemerkenswerter Audiofiles, etwa von Hörfunkkorrespondenten, und anderes Material, das sich *Tagesschau* und *Tagesthemen* selbst nicht zumuten wollen. Das heißt, die Redaktion weiß sehr genau, was sie sendet und was lieber nicht. Und in diesem Sinne möchte man den ›Ausrutscher‹ von Birgit Virnich in der 17-Uhr-Ausgabe nicht in der Hauptausgabe von 20 Uhr wiederholen.

Die Hauptausgabe der *Tagesschau* verabschiedet sich mit einer Nachricht im Film von 30 Sekunden Länge lapidar vom Weltsozialforum 2007: »Zum Abschluss des Weltsozialforums in Kenias Hauptstadt Nairobi haben die Veranstalter erneut mehr Anstrengungen im Kampf gegen die Armut in Afrika gefordert. Der Kontinent dürfe nicht zum Verlierer der

Globalisierung werden. Die afrikanische Wirtschaft müsse vor einer übermächtigen Konkurrenz, etwa aus Europa, geschützt werden. Zum 7. Weltsozialforum, das sich als Gegenveranstaltung zum Weltwirtschaftsforum in Davos versteht, kamen rund 50.000 Teilnehmer. Die Organisatoren hatten eigentlich mit doppelt so vielen Besuchern gerechnet.« Dazu sehen wir dreißig Sekunden lang ausgelassene junge Menschen auf der Straße hopsen. Von dem Weltsozialforum als Gegenveranstaltung zu Davos war zwar die Rede, aber wenig zu spüren. Die *Tagesschau* bringt es sogar fertig, einen längeren Bericht aus Davos und einen kürzeren aus Nairobi derart nacheinander zu senden, dass man den Eindruck haben könnte, beide Veranstaltungen ziehen am selben Strang, sie unterscheiden sich im Wesentlichen durch Alter, Einkommen und Prominenz. Die Unterschiede scheinen im Design der Weltverbesserer zu bestehen.

> »Ein Mann, der etwas zu sagen hat und keine Zuhörer findet, ist schlimm dran: Noch schlimmer sind die Zuhörer dran, die keinen finden, der etwas zu sagen hat.«
>
> BERT BRECHT, RADIO-THEORIE

»Es ist richtig!« – Der Kommentar   **4**

Die Gattung. – Insofern die Nachrichten der Tagesshows schwerlich erlauben, den Lauf der Dinge zu verstehen, scheint es nur konsequent, die Informationslöcher mit Gesinnungsandachten auszufüllen. Deshalb gibt es die Gattung des Kommentars, deren tiefster Sinn darin besteht, Moral zu soufflieren, wo Vernunft den Dienst versagt.

Ich habe Anne Will meinen Eindruck mitgeteilt, dass man gerade bei den Kommentaren den Eindruck haben muss, Journalisten seien stets zu hundert Prozent der Vernunft des Augenblicks verpflichtet. Anne Will sieht das natürlich etwas anders: Im Interview hatte sie glatt behauptet, bei den Kommentaren würden gelegentlich auch radikale Positionen vertreten. Es ist mir trotz intensiver Recherchen nicht gelungen, auch nur einen einzigen Kommentar zu finden, der unter die Rubrik »radikal« fiele. Das verlangt ja auch keiner. Das Gegenteil zu »politischer Mitte« ist ja auch nicht immer »radikal«, sondern manchmal »intelligent«.

Es hätte jetzt keinen Sinn, fünf besonders dumme Kommentare zu analysieren, man würde mir zweifelsohne eine einseitige Auswahl vorwerfen. Das Beruhigende bei der Untersuchung der Tagesshows besteht ja darin, dass man sich jede beliebige Ausgabe vornehmen kann und stets auf den gleichen Befund stößt. In diesem Sinne wähle ich einfach fünf

Kommentare, die an den Tagen gesendet wurden, da ich diese Seiten geschrieben habe. Also die Zeit vom 13.–20. März 2007. Wobei nicht jeden Tag ein Kommentar gesendet wurde. Vornehmlich am Wochenende pflegen Kommentatoren zu ruhen.

---

13. März 2007. – Jost Bösenberg vom Rundfunk Berlin-Brandenburg kommentiert den Alkoholexzess eines Jugendlichen.

»Je länger der 16-jährige Berliner im Koma liegt, desto lauter die Stimmen über das jugendliche Kampftrinken. Wir sind gegen das Flatrate-Trinken, schallt es aus den Amtsstuben. ›Prost!‹, meint man wie am Stammtisch herauszuhören. Jugendliche trinken zwar generell weniger, aber diejenigen, die trinken, trinken immer mehr. Unter den 21 Industrienationen saufen nur britische Kids mehr als die deutschen. Die Flatrate-Partys sind nur eine neuerliche Variante, um Alkohol in großen Mengen in sich reinzukippen. Leider wird das Missverhältnis zwischen Drogen und Wodka hier besonders deutlich. Drogen sind geächtet, Alkohol ist salonfähig. Neue Gesetze braucht man nicht. Sie zeigen nur das Versagen der alten. Nämlich, dass die Umsetzung auch kontrolliert werden muss. Untersagt werden kann allenfalls die Werbung für Flatrate-Partys als unlauter. Welch hilfloses Menetekel! Verbote? Was denn? In jedem Urlaubskatalog wird mit ›Alles inklusive‹ geworben. ›Alles inklusive‹ gilt auch für alkoholische Getränke. TUI und Neckermann haben es vorgemacht.

All die klugen Vorschläge lösen nicht das Problem des Trinkens bis zum Umfallen. Die Jugendlichen haben doch alle Eltern. Wo sind die eigentlich? Es ist zu wenig, die Sprösslinge mit den Worten aus dem Haus zu lassen: ›Komm mir aber nicht total betrunken zurück.‹ So nicht. Zusammen mit den Schulen muss den Kids klargemacht werden, dass sie sich den

Kopf kaputt machen, dass sie sich systematisch vergiften. Weniger Gleichgültigkeit, mehr Aufklärung, mehr Hilfe zur Selbstkontrolle und zum Nein-Sagen, vor allem aber mehr Hingucken. Nicht nur bei den Eltern.«

Warum eigentlich wird das Feld der PISA-Forschung nicht endlich mal auf die ausgeweitet, die glauben, pausenlos Jugendliche belehren zu müssen? Ich versuche mir vorzustellen, was mein wunderbarer Deutschlehrer Helmut Henseler gesagt hätte, wenn ich Zeilen wie die von Bösenberg als Absätze eines Schulaufsatzes abgegeben hätte. Wahrscheinlich hätte er von einem diskursiven Rausch gesprochen, der sich auf vorabendliche Kampftrinkereien zurückführen ließe. Denn das hat es auch zu ›meinen‹ Zeiten schon gegeben. Ich bekenne mich der Teilnahme schuldig. Womöglich handelt es sich gar um eine zeitlose Erscheinung. Abgesehen davon begegnen mir auch eine Menge Erwachsene – Eltern zuweilen –, die dem übermäßigen Alkoholgenuss gerne exzessiv frönen.

Welches Problem will Bösenberg eigentlich lösen? Mein Deutschlehrer hätte wahrscheinlich gesagt: Um ein Problem zu lösen, musst du es erst beschreiben. Die Lösung liegt in der Beschreibung. Doch Jost Bösenberg beschreibt kein Problem. Eventuell gibt es auch gar keines. Ein Jugendlicher hat übertrieben. Das ist alles. Aber der Kommentator schürt ungerührt den Alarmismus, er lässt den bedrohlichen moralischen Ausnahmezustand ahnen: die Gleichgültigkeit der Amtsstuben. Ausgehend von der bahnbrechenden Einsicht, dass Flatrate-Partys »nur eine neuerliche Variante« seien, »um Alkohol in großen Mengen in sich reinzukippen«, entdeckt er mit artistischer Sprunghaftigkeit jetzt das Missverhältnis zwischen Drogen und Alkohol, das »leider« (?) beim Flaterate-Trinken deutlich werde. Allerdings zählt auch Alkohol zu den sogenannten Drogen. Der Unterschied besteht in Legalität und Illegalität, was wiederum nichts mit »geächtet« oder »salonfähig« zu tun hat. Wie wenig »geächtet« illegale Drogen sind, könnte Bösenberg auf jedem Schulhof feststellen. Wenn ihm das nicht genügt, sollte er sich einmal in das Nachtleben einer Großstadt begeben.

»Neue Gesetze braucht man nicht. Sie zeigen nur das Versagen der alten. Nämlich, dass die Umsetzung auch kontrolliert werden muss.« Vermutlich will Bösenberg sagen: Wir brauchen keine neuen Gesetze. Die bestehenden würden reichen, wenn man sie konsequent anwendete. Allerdings verrät er nicht, welche bestehenden Gesetze die Probleme des Flatrate-Trinkens lösen könnten. Irgendwie scheint er auch zu ahnen, dass da nicht viel zu holen ist, deshalb behauptet er: »Untersagt werden kann allenfalls die Werbung für Flatrate-Partys als unlauter. Welch hilfloses Menetekel!« Juristen würden die Einschätzung des Journalisten wahrscheinlich nicht ohne weiteres teilen. Wie auch immer: Die »alten« Gesetze, konsequent umgesetzt, reichten eben noch aus, doch zehn Sekunden später stehen sie als »hilflose Menetekel« trostlos im Raum. Menetekel bedeutet so etwas wie ein Schiedsspruch des Schicksals. Doch welches Menetekel soll hier hilflos sprechen? Er meint wahrscheinlich: welches Zeichen von Hilflosigkeit.

Also lässt Bösenberg die Idee mit den Verboten fallen. Es hätte keinen Sinn, denn semikriminelle Pauschalreiseanbieter werben ja bereits mit »Alles inklusive«. Bösenberg kapituliert vor der schieren Übermacht solcher Finsterlinge: »All die klugen Vorschläge lösen nicht das Problem des Trinkens bis zum Umfallen.« Welche klugen Vorschläge? Es wird Zeit, dass Bösenberg jetzt selbst das Problem in die Hand nimmt und den Finger auf die Wunde legt: Eltern, Schulen, eigentlich wir alle. Mehr Hilfe, weniger Gleichgültigkeit. Ja, das musste mal gesagt werden.

Ein Text wie ein intellektueller Albtraum, insofern auch »radikal«, wenn auch nicht radikal im Sinne von Anne Will. Und wieder stellt sich die Frage: Wieso lassen mutmaßlich über zwei Millionen Zuschauer solchen Irrsinn geduldig über sich ergehen? Wo sind eigentlich die Lehrer, die in der Orthographiereform den Anfang vom Ende des Abendlandes entdecken? Wo sind die Bildungsforscher, die unsere Kinder dauernd traktieren? Hat der ARD-Kommentar als nationale Sonderschule längst Millionen von Hilfsschülern erzeugt? Doch wahrscheinlich nimmt niemand mehr solchen Sprachschrott als argumentativen Text wahr. Wahrscheinlich geht es nur noch um den Auftritt einer Geste: der unverbindliche Sermon allgemein moralischer Unterweisung. »Welch hilfloses Menetekel!« – um in der Sprachlosigkeit Bösenbergs zu bleiben.

Je deutlicher erhebliche Teile der Bevölkerung auf eine Weise verwahrlosen, die die Tagesshows gerne verheimlichen, umso lieber greift man auf sonderbare Spezialfälle zurück: auf kindische Kampftrinker, auf trostlose Schüler im Amokwahn, um an solchen Beispielen die Rückkehr einer billigen, vorzugsweise repressiven Moral zu plausibilisieren. So wie es der Politik vorzüglich gelingt, gesellschaftliche Fürsorge auf solchen Feldern wie dem Nichtraucherschutz symbolisch zu exemplifizieren, so gefällt es den Tagesshows, die gesellschaftliche Demoralisierung mit lächerlichen Sonntagsreden zu bewirtschaften. Die Kehrseite der neoliberalen Deregulierung bedeutet schwere, dümmliche moralische Regulierung.

---

14. März 2007. – Thomas Roth vom WDR kommentiert den öffentlichen Appell des Bundespräsidenten an die Entführer zweier Deutscher im Irak.

»Ist es eigentlich richtig, dass sich ein amtierendes deutsches Staatsoberhaupt über die Öffentlichkeit mit einem Appell direkt an eine terroristische Entführergruppe wendet? Uneingeschränkt: Ja, es ist richtig. Es ist zwar kaum zu erwarten, dass dies die Entführer in irgendeiner Weise beeindruckt, egal, ob sie politisch oder einfach nur kriminell motiviert sind, richtig ist der Appell trotzdem. Das deutsche Staatsoberhaupt zeigt damit nach innen wie nach außen, dass er ein Beteiligter ist, wenn Bürger in eine solche furchtbare Falle geraten, und wie furchtbar eine solche Falle ist, kann sich wohl niemand vorstellen, der nicht Ähnliches schon einmal erlebt hat. Es gibt kein religiöses Argument, das Leben unschuldiger Menschen zu opfern, sagt Köhler richtig, und es gibt – so ist zu ergänzen – selbst in diesem unseligen Krieg im Irak für alle Seiten auch und erst recht keine politischen Argumente. Der Bundespräsident hat gezeigt, dass er sich einmischt, und ich denke, er hat im Namen von uns allen gesprochen. Und so bleibt am Ende die schmale Hoffnung, dass sein Wort vielleicht doch etwas bewirkt.«

Wenn schon Journalisten im Allgemeinen sehr dazu neigen, den Geboten des Augenblicks zu verfallen, dann darf man in Thomas Roth einen Großmeister der Affirmation bewundern, der zuverlässig eine Übererfüllung des Plansolls vollbringt. Hier nun stößt Roth gar in den Premiumbereich der Affirmation vor: mit »ja, ohne jede Einschränkung« beantwortet er eine Frage, die keiner gestellt hat und die sich ernsthaft so auch nicht stellt. Was er wohl damit ausdrücken wollte, ist vermutlich, dass er und der Bundespräsident ganz auf einer Linie liegen. Darüber hinaus ist es sehr schwer festzustellen, was er eigentlich sagen wollte.

Erst spricht er von einer terroristischen Entführergruppe, einige Sekunden später könnte es sich auch um bloß kriminelle Motive handeln. Dann macht er uns zwar keine Hoffnung, dass Köhlers Appell irgendwelche Wirkung auf Seiten der Entführer haben könnte, doch der wahre Sinn der Veranstaltung läge auf einer symbolischen Ebene: Köhler zeigte sich als »Beteiligter«. Leider vertieft Roth diese tiefschürfende Interpretation nicht weiter. Wir müssen also ein wenig spekulieren. Es geht wohl darum, dass Köhler – laut Roth – so eine Art nationalen Zusammenhalt herstelle, ein Wir-Gefühl, das der dunklen Bedrohung von außen wehrhaft trotzt. Es wäre vielleicht hilfreicher, wenn Journalisten solchen rundweg bigotten Gesten trotzten und stattdessen die realen Zusammenhänge herstellten. Horst Köhler ist schließlich das Staatsoberhaupt eines Landes, das sich mit logistischer Hilfe an diesem »militärischen Überfall« beteiligt hat. Und wer sein Land ohne Not über die Schwelle dieses Kriegs führt, der muss mit kriegerischen Antworten rechnen. Das ist nicht schön, aber es liegt in der Natur des Infamen. Natürlich ist die Entführung von Menschen nicht hinnehmbar – doch ein verbrecherischer Angriffskrieg mit Hunderttausenden von Toten?

Aber dazu äußert sich Köhler natürlich nicht. Und weil er das nicht macht, ist es dann so ganz falsch, wenn man das so versteht, als stünde die Bundesrepublik dem Lauf des Unrechts nicht im Wege? Was sagt er stattdessen in seinem Appell? Es sei schon genug unschuldiges Blut im Irak geflossen. Doch wessen Blut meint er? Immerhin, für den Angehörigen einer Partei, die das Land gerne intensiver in diesen Krieg geführt hätte, hat er jetzt schon viel gesagt.

Der Kommentator Roth hält sich exakt an die Linie seines Präsidenten. Oh ja, auch er gibt uns seine Skepsis gegenüber diesem Krieg zu verstehen, gleichsam als Kassiber im Kassiber des Präsidenten. Köhler hatte formuliert: »Es gibt kein politisches Ziel, das die Entführung oder Tötung unschuldiger Menschen rechtfertigt. Keine Religion erlaubt ein solches Verhalten.« Wenn der Bundespräsident das ernst meint, dann wäre es die Pflicht eines Kommentators, ihn darauf festzulegen, ihn nach den konkreten Konsequenzen dieser sehr allgemeinen Weisheit zu fragen. Doch gehorsam kuschelt sich Roth an die Präsidentenfloskeln und ergänzt sie scheu um ein »für alle Seiten«.

Warum kann eigentlich ein erfahrener deutscher Journalist, im Range eines Chefredakteurs obendrein, nicht schlicht und einfach sagen, dass dieser Krieg unerträglich ist und kriminell und dass er genau jene Kriminalität naturgesetzartig produziert, mit deren Folgen wir uns noch lange herumschlagen werden müssen und die der Bundespräsident gerade mit seinen Krokodilstränen beweint? Mit Sicherheit wird die Art und Weise, mit der der Bundespräsident und sein Chefkommentator sich »einmischen«, die Dinge nicht klären, sie schreiben die unerträglichen Doppeldeutigkeiten nur diplomatisch fort. Es geht um das Improvisieren einer Moral im Unmoralischen.

---

15. März 2007. – Sabine Reifenberg, NDR, kommentiert den Klimaschutz.

»Bislang herrschte beim Klimaschutz international nichts als Lähmung. Industrieländer und Schwellenländer wie China und Indien blockierten sich gegenseitig. Motto: Wir tun erst etwas, wenn ihr mehr macht. Endlich packen die Europäer das Thema von sich aus energisch an, und das lässt hoffen. Schwung in die Klimadebatte bringt ein ungleiches Duo: die deutsche Kanzlerin Angela Merkel als amtierende EU-Ratsvorsitzende und ihr britischer Amtskollege, Premier Tony Blair. Merkel sorgte vergangene Woche dafür, dass sich die EU grundsätzlich darauf verständigte, den klimaschädlichen Kohlendioxid-Ausstoß zu senken. Jetzt geht es um die Umsetzung in den 27 Mitgliedsländern. Und hier prescht Tony Blair diese Woche schon mal für seine Insel vor. Er hat als Erster einen Gesetzesentwurf vorgelegt. Er will verbindlich regeln, um wie viel die Briten ihren Ausstoß an Treibhausgasen reduzieren sollen und bis wann. Skepsis ist allerdings durchaus angebracht. Denn bisher hat die Blair-Regierung ihre selbstgesteckten grünen Ziele zehn Jahre im Voraus festgelegt, um sie dann acht Jahre zu ignorieren und im neunten heimlich in der Schublade verschwinden zu lassen. Manche Experten hegen den Verdacht, dass Blair nur eine Hürde aufbauen will für den Fall, dass die EU den Briten demnächst noch viel strengere Auflagen verpasst. Doch wie dem auch sei, global gesehen sendet Europa derzeit die richtigen Signale. Es geht beim Klimaschutz als Vorbild voran, und das ist der einzig mögliche Weg, um Länder wie China und Indien zu überzeugen mitzumachen und um den derzeit weltgrößten Luftverschmutzer, die USA, ins Boot zu holen.«

Auch Sabine Reifenberg wagt sich an heikle und umstrittene Themen. Sorgfältig begründet sie ihr Ja zum Klimaschutz. Doch Ja-Sagen ist schnell langweilig und deshalb manchmal sogar schwierig. Deshalb verweist Reifenberg auch gleich auf Konflikte. Schwellenländer und Industrienationen hätten sich gegenseitig blockiert. Treffender wäre es wohl zu sagen: Das Thema hat jahrelang trotz deutlichster Zeichen niemanden interessiert. Überdies vergisst sie, dass in den sogenannten Schwellenländern der Raubbau an Menschen und Natur die Arbeitskosten so wunderbar niedrig für die Industrienationen gehalten hat. Während bei uns die Unkosten der Umweltverschmutzung schon längst enorme Folgekosten erzeugen. Insofern ist dieser Versuch, die Spannung zu steigern, sachlich etwas problematisch ausgefallen.

Doch glücklicherweise lauert Tony Blair in den Kulissen. Der bilde mit Angela Merkel ein ungleiches Duo. Ungleich? Was mag Sabine Reifenberg meinen? Auf dem Weltwirtschaftsforum in Davos hatte Tony Blair noch die Bundeskanzlerin zu einer Klimaheiligen verklärt und sie sich zum sozusagen persönlichen Vorbild genommen. Doch Sabine Reifenberg entlarvt ihn jetzt als unsicheren Kantonisten, der sein ökologisches Pensum schuldig geblieben sei und sich vielleicht sogar noch als Tricky-Tony entpuppen wird. Aber am Ende ist das alles gar nicht so wichtig. Denn Europa ist dank Angela Merkel ja auf dem richtigen Weg, und unter ihrer Führung werden wir die Welt retten. Sabine Reifenberg hat höflich, doch bestimmt nicht vorhandene Zweifler von jeglichem Zweifel geheilt.

---

19. März 2007. – Andreas Cichowicz vom Norddeutschen Rundfunk kommentiert die Diskussion über das geplante Raketenabwehrsystem der USA.

»Und wenn nichts sicher ist in der deutschen Politik – auf den Anti-USA-Reflex großer Teile nicht nur der SPD ist einfach Verlass. Warnungen vor neuem Wettrüsten, das bringt todsicher Punkte in der Wählergunst. Dass man Russland nicht vor den Kopf stoßen darf, ist nach aller Kritik an Präsident Putin wohl ein Trostpflästerchen. Ob aber die USA uns auf Dauer als Bündnispartner ernst nehmen, das scheint immer weniger zu kümmern. Ich finde das bedenklich. Man muss doch mal die Kirche im Dorf lassen und sich die Fakten ansehen. Zehn, ich sage es noch einmal, zehn Abfangraketen, das ist beim besten Willen keine strategische Bedrohung Russlands, das mindestens Hunderte Angriffsraketen besitzt. Im Rahmen des NATO-Russland-Pakts gibt es übrigens gemeinsame Raketenabwehrkommandoübungen. Umgekehrt gilt, solange Russland Waffen und Technologie in den Iran exportiert, ist das Interesse, sich zu schützen, mehr als legitim. Aber hört man dazu Kritik in Deutschland? [Dazu führt Cichowicz ein schlechtes Schauspiel des Lauschens auf.] Diese Bedrohung scheint fern, aber in wenigen Jahren kann Europa von Raketen aus Iran und Nordkorea erreicht werden. Und dort in Asien findet das Wettrüsten längst statt. Richtig finde ich, dass die Stationierung im Rahmen der NATO diskutiert werden sollte, denn das schafft Transparenz. Es ist ein Erfolg, dass Polen dem beim Besuch der Bundeskanzlerin zugestimmt hat. Jahrelang hat die NATO übrigens selbst Pläne für eine Raketenabwehr verfolgt, dann aber eingestellt. Da muss es niemand verwundern, dass die USA direkt mit Ländern wie Tschechien verhandeln. Um Europa im Raketenstreit zu einen und Amerika nicht zu verprellen, ist viel Fingerspitzengefühl vonnöten. Derzeit wird leider vor allem das Porzellan zerdeppert.«

Auch bei diesem Kommentar von Andreas Cichowicz, als Chefredakteur des NDR-Fernsehens und Leiter der *Weltspiegel*-Redaktion schwer erfahren im Überblicken der ganz großen Zusammenhänge, hat man den Eindruck, dass es einmal eine wesentlich längere Fassung gegeben habe, die dann von rohen Kräften auf 1 Minute 45 Sekunden runtergekürzt wurde. Jeder Satz eine krude Behauptung, das mag als Thesenanschlag funktionieren, aber nicht als diskursiver Text.

Gleich zu Beginn gibt Cichowicz uns zu verstehen, dass er außerhalb der tagespolitischen Niederungen und ihrer Reflexe steht. Große Teile – so behauptet er in dramatisch schlechtem Deutsch – frönten antiamerikanischen Reflexen. Wen meint er? Angela Merkel, Frank-Walter Steinmeier, Michael Jung, die deutschen Generäle? Andreas Cichowicz wollte stark beginnen und macht sich doch gleich lächerlich. Fällt ihm allen Ernstes nichts Besseres ein, als höfliche diplomatische Kritik gegenüber dem amerikanischen Vorgehen als antiamerikanisch zu brandmarken? Ich fürchte, Cichowicz ist einfach selbst in die Reflexe des Kalten Kriegs zurückgefallen, dafür gibt es noch viele andere Anzeichen. Sprachakrobat seines Zeichens, behauptet er dann, Warnungen vor neuem Wettrüsten bringe »todsicher« Vorteile in der Wählergunst. Angesichts der Erfahrungen der letzten Jahrtausende könnte man natürlich auch glauben: was für ein Fortschritt, dass Wettrüsten nicht mehr en vogue ist. Doch wahrscheinlich hält der forsche junge Chefredakteur »Punkten« beim Wähler überhaupt nur für populistischen Kinderkram. Richtige Politik kennt ihre Gewissheiten und möchte gefälligst nicht von den laienhaften Befindlichkeiten des Fußvolkes gestört werden.

Von Politikern, die nach Wählern schielen, von denen ist auch ein diplomatischer Umgang mit Staatspräsidenten befreundeter Großmächte zu befürchten, sagt uns Cichowicz im nächsten Satz seiner Ausführungen. Mit der Kritik am amerikanischen Alleingang bei neuen Raketenabwehrsystemen in Europa wolle man nur Putin bei Laune halten. Bei allem gebotenen Misstrauen gegen die deutsche Außenpolitik, mit Sicherheit funktioniert sie nicht im Stile eines Bridgekränzchens betagter Damen. Und deshalb wird man als Bündnispartner der Amerikaner auch nicht nur dann ernst genommen, wenn man ihr schlechtes Benehmen beflissen übersieht. Es wird Zeit, dem Vater zweier Kinder klarzumachen, dass das sowohl im Leben als auch in der Politik kaum funktioniert – außer vielleicht beim NDR-Fernsehen.

Und jetzt droht Andreas Cichowicz mit den Fakten – was einen aufmerksamen Beobachter der Tagesshows sogleich in Alarmstimmung versetzt. Es seien doch nur zehn Abwehrraketen. Wie zu erwarten, macht der Kommentator auf dem Feld der Zahlen eine noch schlechtere Figur denn als Bridgedame. Denn, so wäre natürlich zu fragen – was soll auch nur eine einzige Abwehrrakete gegen Raketen, die es nach Einschätzung auch der versessensten Krieger bestenfalls in fünf Jahren geben kann, falls überhaupt? Und selbst einem strategischen Amateur müsste eigentlich dämmern, wenn man jetzt damit beginnt, Abwehrraketen gegen Raketensysteme aufzubauen, die es weder gibt noch deren Planung im Geringsten bestätigt ist, dann können aus zehn natürlich in Windeseile hundert oder tausend werden.

Im Übrigen könnte der europäische Arm der NATO ja mal versuchen, vor der amerikanischen Küste – sagen wir: auf den Bahamas – eine einzige Abwehrrakete zu errichten, gegen wen auch immer (wer weiß, was Hugo Chavez plant?). Außerdem spielte beim ziemlich einhelligen Unbehagen am einseitigen amerikanischen Vorgehen nicht die Zahl eine Rolle, sondern der Vorgang als solcher. Und eigentlich gibt es nur zwei Interpretationsmöglichkeiten, die Cichowicz selbstredend exakt umschifft: Entweder es handelt sich um das bekannt rüpelhafte Benehmen der Amerikaner, das sich weder um Völkerrecht noch Bündnispartner schert, oder aber es geht um eiskalte imperiale Politik, die wenig mit Verteidigung, sondern viel mit Aggression zu tun hat. Das müsste selbst einem NDR-Chefredakteur schon aufgefallen sein. Doch nein, es geht um legitime Sicherheitsinteressen.

Wer bedroht die USA? Russland, weil es Iran mit Waffen und Technologie beliefert. Hier stellen sich zwei Fragen: Was genau liefert Russland denn an Teheran, und darf es das nicht? Dürfen nur die USA, Indien, Pakistan und Israel atomar aufrüsten? Hat sich der leitende *Weltspiegel*-Redakteur eigentlich mal die Weltkarte der Kräfteverhältnisse angeschaut? Nur eines weiß Cichowicz ganz genau: Der Iran ist böse und plant die Eroberung der Welt – propagieren schließlich die Amerikaner und muss deshalb für einen Dauerkunden von *Tagesschau* und *Tagesthemen* auch stimmen. Die »Fakten« sagen allerdings etwas anderes, und das beschreibe ich im nächsten Kapitel.

In Andreas Cichowicz haben die USA jedenfalls einen zuverlässigen Verbündeten. Bei ihm hat sich ein dreiwöchiges Stipendium in Washington über amerikanische Außenpolitik ausgezahlt. Doch dann lenkt er überraschend ein. Auch er findet, dass die Stationierung im Rahmen der NATO diskutiert werden sollte. Fabelhaft, genau darum drehte sich bislang die Aufregung im Kern. Und dann folgt noch ein Juwel strategischen Denkens. Weil die NATO schließlich selbst einmal Pläne für ein Raketenabwehrsystem verfolgt habe, wäre es nach der Einstellung dieser Pläne ja nur legitim und lauter, wenn die USA jetzt im Alleingang mit Tschechien verhandelten. Sollte dem weltpolitischen Kommentator vielleicht entgangen sein, dass die Vereinigten Staaten von Amerika die

Führungsmacht der NATO sind? Und warum hat man die Pläne eingestellt und warum sollte es deshalb richtig sein, dass die USA jetzt allein weitermachen? Fragen über Fragen, die unser Kommentator tapfer ignoriert. Die USA können sich einfach nicht irren. Auf diesem Idiom beruht diese trostlose »Expertise«, und nichts anderes versucht sie dem Zuschauer zu verkaufen. Am Schluss findet Cichowicz wieder zurück in den sittlichen Kosmos der älteren Bridgespielerin, die sich darum sorgt, ihr Kränzchen könnte zerfallen, wenn man einer ungezogenen Mitspielerin zu verstehen gibt, sie habe sich schlecht benommen. Und wenn solche Aufrüstungsexperten dann auch noch Fingerspitzengefühl anmahnen, dann kann es einem schon mal kalt den Rücken runterlaufen.

Sollte es sich bei Cichowicz' Kommentar um ein Plädoyer für verschärfte Rüstung halten, dann wäre ihm immerhin und gleichsam aus Versehen der Nachweis gelungen, dass diese Strategie kaum von Fakten und Vernunft bestimmt ist, sondern von kranker und gefährlicher Machtpolitik. Allerdings bedurfte wohl kaum jemand mehr dieser Erkenntnis.

---

20. März 2007. – Thomas Roth vom WDR kommentiert den Bericht des Wehrbeauftragten.

»Da war es wohl mehr als Zeit, dass da mal einer die Finger in die Wunden legt. Und wenn es dann der für seine nüchterne Gelassenheit bekannte Wehrbeauftragte Reinhold Robbe ist, dann allemal. Im Kern hat dieser Bericht für mich eine durchgehende Botschaft: Viele der beschriebenen Mängel gehen darauf zurück, dass die Truppe im Zweifel politisch immer mehr neue Aufträge aufgebrummt bekommt, aber die Sicherung des normalen Alltags im Gegenzug immer mehr vernachlässigt wird. Ja, ich weiß, das ist unpopulär, aber trotzdem muss es gesagt werden: Die Qualität einer Truppe hängt nicht nur von einer ordentlichen inneren Führung ab, sondern auch von einer ordentlichen Finanzierung, selbst wenn das zugegebenermaßen heutzutage nicht einfach ist. Wer aber will, dass die Soldatinnen und Soldaten extrem gefährliche und schwierige Aufgaben in Afghanistan, im Kongo oder im Kosovo bewältigen, der muss ihnen nicht zuletzt durch angemessene finanzielle Mittel ein glaubwürdiges Zeichen dafür geben, dass die Gesellschaft hinter ihnen steht, erstens im Alltag und zweitens auch dann, wenn's wehtut. Das sei übrigens auch denen gesagt, die so viel und so laut über den zusätzlichen Einsatz der Bundeswehr im Inneren nachdenken. Fangen wir doch am besten erst mal damit an, dass der Alltag im Inneren einigermaßen ordentlich aussieht, und wenn das dann klappt, kann man immer noch reden.«

Lauscht man den dröhnenden Weisheiten von Thomas Roth, hat man den Eindruck, deutsche Soldaten wären barfuß und mit Platzpatronen ins heiße Gefecht geführt worden und hinterher von Veterinärmedizinern mit Hufeisen wieder zusammengeflickt worden. In Wahrheit meint er den schlechten Zustand einiger Kasernen, alte Betten und Warteschlangen beim Duschen. Ein Fremder könnte jetzt denken, was für ein glückliches Land, dieses Deutschland, das sich über so bescheidene Missstände so tiefschürfende Sorgen machen kann. Allein, es mangelt nicht an Anlässen für größere Sorgen: Tausende von Alten vertrocknen in herzlosen Heimen, Irre vegetieren in trostlosen Anstalten, Schulen verrotten oder können wegen des Lehrermangels den Betrieb nicht versehen. Dagegen sind die baulichen Missstände bei manchen Bundeswehreinrichtungen nun wirklich Bagatellschäden. Natürlich wünscht niemand den Soldaten solche Zustände. Doch bekanntlich knirscht überall der Sand im Getriebe der öffentlichen Einrichtungen, und das hat leicht beschreibbare Gründe, so leicht, dass sie sogar das intellektuelle Format der *Tagesthemen* nicht sprengten – vielleicht aber das politische. Stattdessen macht sich Roth großspurig zum Anwalt der Mühseligen und Beladenen in Uniform und versteigt sich sogar zu solch »unpopulären« und extravaganten Forderungen nach mehr Geld für die Innenarchitektur der Bundeswehr und tut dann so, als sei das die Bedingung für »innere Führung«.

Offenkundig hat Roth den Bericht des Wehrbeauftragten auch gar nicht gelesen, sondern nur den Bericht gesehen, mit dem die *Tagesthemen* an diesem Abend die Sendung eröffnet haben. Dramatische Kameraschwenks zeigen uns schlecht zu erkennende schlechte Wasserrohre, so als führte Colin Powell Beweis über Saddams Massenvernichtungswaffen. Der Schwerpunkt von Reinhold Robbes Bericht liegt aber auf den scheinbar besonders üblen Zuständen der Unterbringung beim Kongo-Ausflug der Bundeswehr. Und nicht zuletzt spielen in diesem Bericht die Probleme der sogenannten inneren Führung tatsächlich eine Rolle. Robbe nennt 147 Beispiele für rechtsradikale Vorkommen wie Hitlergruß, einschlägige Musik und Sieg-Heil-Gegröle. Davon spricht Roth gar nicht erst. Doch in seiner Logik wäre das mit ein paar Kasernenreparaturen wohl zu heilen.

Fast schon komisch wird es, wenn Roth in seiner schaurigen Beflissenheit die hochgradig problematischen Einsätze der Bundeswehr in Afghanistan, im Kosovo oder Kongo und die noch gefährlicheren Wünsche nach dem Einsatz der Bundeswehr »im Inneren« zu einem Joint Venture mit reparierten Duschen zusammenschwadroniert. Für schimmelfreie Wände dürfen die Jungs dann eventuell auch auf Inländer schießen. Weiß Roth überhaupt, wovon er da redet, oder ist er seiner pompösen Rhetorik zum Opfer gefallen? Wie stets versteht es Roth, seine affirmativen Ekstasen auch noch als Akte der Rebellion erscheinen zu lassen. Doch wenn das Ja zur Schimmelbekämpfung zum Ja für Auslandseinsätze wird, dann erinnert das mehr an intellektuellen Amok.

Fernsehtheorie. – Ein Kommentar, der dem Genre Ehre machte, bedeutete eine analytisch fundierte Bewertung von Fakten im Rahmen größerer Zusammenhänge. In diesem Sinne ist das, was in den *Tagesthemen* als Kommentar angekündigt wird, mit Sicherheit keiner. Was ist es dann? Es handelt sich in der Regel um eine Art diskursives Delirium, in dem sämtliche analytische Regeln ihre Geltung verlieren. Diese Kommentare haben mit allen bekannten Formen kognitiver Rationalität wenig gemein, und insofern wiederholen sie die Unbegreiflichkeit der Fernsehnachrichten selbst. Fernsehkommentare wiederholen diese Unbegreiflichkeit diesmal als Simulacrum weltanschaulicher Rationalität. Und wie wir gesehen haben, bedeutet die Unbegreiflichkeit der Fernsehnachrichten nicht, dass sie nichts bedeuten, sondern sie produzieren Markierungen des Realen, geben dem Faktischen das Gewicht des Normativen. So ähnlich funktioniert auch der Fernsehkommentar. Dieses Wortgeschwurbel mag lächerlich sein, wenn man intellektuelle Erwartungen hegt, aber dieser verbale Impressionismus hat Methode, die es versteht, ihre Botschaften an den Mann zu bringen. Wenn wir mittels des Kommentars erfahren, wie man nein zum Kampftrinken sagt, aber ja zum Klimaschutz, ja zum amerikanischen Raketensystem, ja zum Appell des Bundespräsidenten, ja zur Schimmelbekämpfung bei der Bundeswehr, dann macht man aus dem Königsdrama der politischen Überzeugung eine Clownsnummer. Seht her: Es ist ganz leicht, sich eine Meinung zu bilden. Man muss nur ein paar Worthülsen, die sich gerade in der Gegend tummeln, zusammenstecken. Es ist auch nicht wirklich schlimm, wenn Sie das Gegenteil denken. Hauptsache – und darin besteht die ganze »Kunst« des *Tagesthemen*-Kommentars –, Hauptsache, Sie sprengen nicht den Rahmen des »Denkens«, das wir Ihnen vormachen. Wenn die Fernsehnachrichten das Faktische zur Norm erheben, dann markieren die Kommentare den weltanschaulichen Rahmen, in dem wir die zur Norm gewordenen Fakten zu sehen haben. Alles andere wäre Extremismus und also fast kriminell. Diese Denkschauspieler haben niemals nennenswerte Gedanken im Angebot, ihre Zentralaufgabe besteht darin, den Radius des politischen Denkens äußerst überschaubar zu halten.

Insofern ist auch klar, dass auf der Liste der Kommentatoren nur sichere Kantonisten stehen, meist Chefredakteure und andere politisch zuverlässige Figuren. Es genügt, sich daran zu erinnern, wie der gewiss nicht gerade radikale, nicht einmal unkonventionelle Immo Vogel von Peter Voß – damals Intendant des für die Irak-Berichterstattung zuständigen SWR – als Kommentator ausgemustert wurde, weil er sich erlaubt hatte, leise Zweifel an der Rechtmäßigkeit der amerikanischen Aggression zu äußern.

Im Rest der Welt

Eliot Weinberger, Was ich hörte vom Irak. – »2005 hörte ich, dass Streitkräfte der Koalition in den Ruinen Babylons untergebracht seien. Ich hörte, dass Bulldozer Gräben durch das Gelände gezogen und Flächen für Hubschrauberlandeplätze und Parkplätze planiert hätten, dass Tausende von Sandsäcken mit Erde und archäologischen Fragmenten gefüllt worden seien, dass ein 2.600 Jahre altes Ziegelpflaster von Panzern zermalmt worden sei und die mit Drachen verzierten Backsteine von Soldaten als Souvenirs aus dem Ischtar-Tor herausgebrochen wurden. Ich hörte, dass die Ruinen der sumerischen Städte Umma, Umm al-Akareb, Larsa und Tello vollständig zerstört und nun Kraterlandschaften seien.«

»Ausland«. – Es ist schon merkwürdig: Da leben wir angeblich in Zeiten der Globalisierung, doch wie man gesehen hat, zeigt man uns die Globalisierung nicht. Und wenn man noch etwas genauer hinsieht, dann merkt man, dass man mit Hilfe der Tagesshows kaum eine Chance hat zu verstehen, was sonst noch so auf Erden geschieht. Um ein schlichtes Beispiel zu nennen: Zur Zeit toben auf unserem Planeten ungefähr 28 Kriege und 14 bewaffnete Konflikte. Nur ein Bruchteil dieser Kriege und bewaffneten Konflikte wird in den Tagesshows auch nur erwähnt, geschweige denn, dass wir über die Umstände der Auseinandersetzungen informiert würden. Als ginge es dabei um lokale Temperamentsausbrüche irgendwelcher Kaffer. Die Tagesshows orientieren sich in ihrer Berichterstattung haargenau daran, welche Kriege hier auf der offiziellen politischen Agenda der parlamentarischen Mitte stehen. Und dabei spielen natürlich die Kriege jener Regionen eine besonders berichtenswerte Rolle, die als Entsendungsgebiete künftiger »friedensstiftender« Maßnahmen bzw. als »Schurkenstaaten« ins militärische Visier geraten sind. Da wird das Terrain der Aufmerksamkeit schon mal angewärmt und »Gut« und »Böse« vorsortiert. Andererseits lässt sich die Informationslücke der verschwiegenen Kriege wahrscheinlich verschmerzen, denn wie man am Beispiel der Irak-Kriegsberichterstattung sehen kann, bieten auch Tausende von Sendeminuten keine brauchbaren Informationen – bloß den tückischen Eindruck, man »wüsste was«.

Dutzendfach hat man die Auslandsberichterstattung von *Tagesschau* und *Tagesthemen* quantifiziert. Mit großem Abstand stehen die USA im Zentrum der Aufmerksamkeit. Es folgen die europäischen Nachbarstaaten und natürlich der Nahe Osten mit seinen diversen Kriegsgebieten. In letzter Zeit sind die so genannten Schwellenländer China und Indien etwas stärker in den Fokus der Aufmerksamkeit geraten. Wobei in erster Linie der Wirtschaftsboom dieser Länder eine Rolle spielt. Dabei versäumt man nicht, die drohende Konkurrenz in dunkler Rhetorik aggressiv zu beschwören. Und wenn die deutschen Fernsehkameras ihre Linsen auf den Rest der Welt richten, dann wird er uns in der Regel als Sicherheitsrisiko verkauft. Bestenfalls erlaubt der weiße Mann in seiner Güte, in entlegenen Weltgebieten ein wenig Folklore zu dulden, doch meistens gilt aufmerksame Toleranz als Kapitulation einer verweichlichten Wohlstandsgesellschaft: Zivilisatorische Differenzen verdienen keinen Respekt, sondern werden als Bedrohung gesehen.

Andere Länder, andere Sitten. Mag sein. Doch in Zeiten der Globalisierung geht es darum, eine einzige Zivilisation als universelles Prinzip durchzusetzen. Insofern fällt der Blick auf den größten Teil der Welt missbilligend und misstrauisch aus: jede Menge rückständige Zivilisationen, die uns morgen vielleicht schon als Barbaren heimsuchen könnten. Natürlich wird auch hier wieder exakt nach Freund und Feind unterschieden. Viel haben wir über gepeinigte Kopftuchträgerinnen gehört, wenig über die Stellung der Frau im orthodoxen Judentum. (Was um Himmels willen nicht als Anregung verstanden werden soll!) Die Tagesshows bedienen den weißen Mann pausenlos mit seiner Lieblingsstimmung: Er wähnt sich gerne bedroht aus den Untiefen der Welt. Kaum sind die Kommunisten implodiert, schon wachsen Islamisten nach, und am Horizont lauern bereits die Chinesen und die Inder. Wenigstens die Neger scheinen wir einstweilen unter Kontrolle zu haben. Nur eines reflektieren die Tagesshows nie und nimmer: in welchem Ausmaß die Industrienationen, respektive die »freie« Welt, den Rest der Welt im Griff haben – um nicht zu sagen: im Würgegriff. Eine Tatsache, die ziemlich gut erklärte, warum es auf der Welt so viel Widerstand gegen den weißen Mann gibt. So gesehen wäre der »Clash of civilizations« eine leicht verständliche Konsequenz auf die aggressive Hegemonie einer Zivilisation: unserer.

Im Folgenden will ich an drei Beispielen zeigen, wie in den Tagesshows fremde Länder nicht aus ihren eigenen Voraussetzungen heraus verstanden, sondern als Missionierungsgebiete des weißen Mannes inspiziert werden.

Eliot Weinberger, Was ich hörte vom Irak. – »Ich hörte, der Irak zähle nun zusammen mit Haiti und dem Senegal zu den ärmsten Ländern der Welt. Ich hörte die *Menschenrechtskommission* der UN berichten, die akute Unterernährung bei irakischen Kindern habe sich seit Ausbruch des Krieges verdoppelt. Ich hörte, nur fünf Prozent des Geldes, das der Kongress für den Wiederaufbau bewilligte, seien tatsächlich ausgegeben worden. Ich hörte, in Falludscha lebten die Menschen in Zelten, die auf den Ruinen ihrer Häuser stünden.«

Iran. – Alle Jahre wieder fühlen sich die Vereinigten Staaten von Amerika in ihrer Sicherheit bedroht und drohen mit einem Präventivkrieg. Die USA haben nach dem Zweiten Weltkrieg Dutzende solcher Kriege im Namen der Freiheit geführt. Bis auf drei Ausnahmen sind sie völkerrechtlich alle als Angriffskriege einzustufen. Und in keinem einzigen Fall ist dabei die Freiheit zum Zuge gekommen: Es blieben Millionen Tote, Traumatisierte, Verkrüppelte zurück, zerstörte Länder, die fortan von abhängigen und korrupten Regimes regiert wurden. Die Bilanz ist höllisch, gleichwohl wenig im Bewusstsein.

Auch im Fall des Irak gab es keine wahrnehmbare Bedrohung, es gibt vielmehr zahllose Indizien, die dafür sprechen, dass die USA den Bedrohungsfall von A–Z vorsätzlich inszeniert haben, um einen imperialistischen Angriffskrieg zu führen. Kaum hatten sie den Irak überfallen, begannen sie das Spiel zu wiederholen. Diesmal ging es um den Iran – und geht es noch. Iran baut Atombomben, lautet die Direktive. Und unsere Tagesshows sind wieder voll dabei.

Ich habe Anne Will freundlich gefragt, ob sie denn nichts gelernt habe aus der amerikanischen Propagandapolitik in Sachen Irak. Und ob man dem Zuschauer nicht vor allem erst mal klarmachen müsste, was es mit dem iranischen Atomprogramm auf sich hat. Anne Will hält das für eine völlig falsche Darstellung. Oh nein, man hätte die Sache genau richtig dargestellt. Das Problem sei ja wohl, dass man dem Iran unterstellt, er wolle Uran nicht nur zu friedlichen Zwecken anreichern. Und dazu hat ja auch der iranische Präsident Mahmud Ahmadinedschad erheblich beigetragen. Der sei ja schließlich kein Waisenknabe und habe immerhin die Absicht, Israel zu vernichten. Das sagt er ganz klar. Das könne sie, Anne Will, mir aber zeigen. Ob ich das *Spiegel*-Interview gelesen habe? Außerdem hat er seine Absichten auf verschiedenen Großkundgebungen in Teheran wiederholt, das haben wir ja auch in unseren Beiträgen gezeigt. Das ist ja sein Credo. Inwiefern die Mullahs dahinterstehen, wissen wir nicht. Jedenfalls haben sie ihn nicht zurückgepfiffen.

Mit anderen Worten: Anne Will vertritt exakt die Linie der Bush-Administration. Das ist ihr gutes Recht. Problematischer wird es dadurch, dass auch *Tagesschau* und *Tagesthemen* der Sache kaum distanzierter gegenüberstehen. Denn bestenfalls ist diese Sicht der Dinge einfach komisch: dass nämlich der Iran jetzt schnell eine Atombombe baut und sie auf Israel wirft, um die palästinensischen Freunde zu befreien, und dann geht es mit Langstreckenwaffen weiter nach Europa und Amerika. Man muss schon mental ziemlich zerrüttet sein, um in solchen Plänen den Hauch von Logik und Plausibilität zu erkennen. Vor allem gibt es keine handfesten Fakten, die das belegten. Dafür hat man jede Menge gezielte Halbwahrheiten und Unterstellungen in Umlauf gebracht. Doch wie wir gelernt haben, schließt das offenbar Groteske nicht das entsetzlich Gefährliche aus. Schließlich haben die USA bereits mit dem Einsatz militärischer Mittel gedroht, was laut UNO-Charta bereits eine kriegerische Handlung bedeutet, doch von den Tagesshows als ganz normaler Vorgang dargestellt wird. Kurz, anstatt die Sache durch Informationen klarzustellen, machen sich die Tagesshows mal wieder zum Vollstreckungsgehilfen. Denn entgegen Anne Wills Behauptung, man habe genau informiert, habe ich weder in *Tagesschau* noch in *Tagesthemen* auch nur einen einzigen Bericht gefunden, der den iranischen Nuklearfrevel exakt beim Namen nennt. Angesichts des entsetzlich schlechten ARD-Archivs mag ich vielleicht diese eine Sendung übersehen haben, doch es wäre schon erstaunlich, denn alle von mir zu diesem Thema untersuchten Sendungen bieten Bericht für Bericht dieselbe unverzeihliche Mischung aus Halbwahrheiten und amerikanischem

Propagandafilm. Es empfiehlt sich deshalb, zunächst einmal die Probleme des iranischen Atomprogramms so darzustellen, wie es die Tatsachen gebieten.

Übrigens, ja, ich habe das *Spiegel*-Interview mit Mahmud Ahmadinedschad gelesen. Darin findet sich nicht der kleinste Hinweis darauf, dass der iranische Präsident plante, Israel zu vernichten. Ich lese das eher als Kammerspiel, in dem drei reichlich überforderte *Spiegel*-Redakteure versuchen, Ahmadinedschad zu solchen Äußerungen zu provozieren. Und im Eifer des Gefechts merken sie gar nicht, dass der iranische Präsident eine Menge Punkte formuliert, die man hier sonst gerne vergisst.

Dass Ahmadinedschad kein Freund Israels ist, wird man ihm nicht verdenken, schließlich wird zurzeit in Israel in aller Beiläufigkeit offen diskutiert, ob man nicht mal den Iran bombardieren solle, wie man es ja zuvor schon mit dem Irak gehalten hat und mit noch einigen Ländern, die in israelischer Reichweite liegen. Doch bekanntlich ist von der Bedrohung, die von Israel ausgeht, grundsätzlich nie die Rede. Stets ist die Existenz Israels bedroht, und damit sind alle Mittel erlaubt. Außerdem erinnert Ahmadinedschad an die Unterstützung des Schah-Regimes durch den Westen und daran, dass der irakische Angriff gegen den Iran von der freien Welt in jeder Hinsicht unterstützt wurde.

Man möchte seine Ausführungen in einigen Punkten noch ergänzen. Zum Beispiel wurde die erste iranische Demokratie unter dem Präsidenten Mossadegh 1953 mit Hilfe von amerikanischen und britischen Geheimdiensten weggeputscht, weil Mossadegh sich erlaubt hatte, die Ölquellen zu verstaatlichen – mit dem Ergebnis, dass Reza Pahlevi auf dem Pfauenthron Platz nehmen konnte. Ein Mann, über dessen brutale Diktatur die »freie Welt« generös hinwegzublicken pflegte, Hauptsache, das Öl floss wieder durch britische und amerikanische Firmen. Und mit Recht verweist Ahmadinedschad darauf, dass man keine Probleme hatte, diesem furchtbaren Diktator alle Technologien zur Verfügung zu stellen, die den Aufbau einer Atomindustrie ermöglichten. Als dann aber wegen des Regimes des Schahs die Mullahs an die Macht geraten konnten, fiel der freien Welt nichts anderes ein, als Saddam Hussein einen Krieg gegen das Nachbarland führen zu lassen. Man stattete den Mann mit allem aus, was sein gewaltbereites Herz begehrte. Auch mit den furchtbarsten Massenvernichtungswaffen. Als Hussein dann achtmal Giftgas gegen den Iran zum Einsatz gebracht hatte, schafften es die Amerikaner, dies auch noch als iranischen Propagandatrick zu verkaufen, obwohl sie teilweise Saddam Hussein selbst die Ziele für seine Einsätze souffliert hatten. Der Iran wandte sich mehrfach wegen des Einsatzes verbotener chemischer und biologischer Waffen an die Vereinten Nationen, doch es gab in der UNO nicht einmal diplomatische Irritation, denn die Herolde der freien Welt wollten nichts über irgendwelche verbotenen Massenvernichtungswaffen wissen. So gesehen bekommt man eine Ahnung davon, warum die Iraner so ihre Zweifel an der Lauterkeit des Westens haben. Wenn man schließlich bedenkt, dass der Atomwaffenverdacht gegen den Iran genau in dem Moment laut wurde, als man bereits deutlich mit den Vorbereitungen für die Irak-Invasion beschäftigt war – und zwar im Namen eines gefälschten Verdachts auf Besitz von Massenvernichtungswaffen – und die »freie Welt« entweder den Irrsinn mitveranstaltete oder aber ihm tatenlos zuschaute, wenn man außerdem in Betracht zieht, dass gleichzeitig im Osten Irans Afghanistan von NATO-Truppen und amerikanischen Anti-Terror-Einheiten besetzt wurde und der Iran sich fortwährend amerikanischen Kriegsdrohungen ausgesetzt sieht, dann ahnt man vielleicht, wer sich hier bedroht fühlen darf. Unter diesen Umständen, die die »freie Welt« in Jahrzehnten mühseliger Arbeit hergestellt und dabei den Tod von Millionen von Menschen nicht gescheut hat, wäre es sogar verständlich, wenn der

Iran nach Atomwaffen strebte. Doch es wäre in gar keinem Falle wünschenswert.

Was ist also dran – an dem iranischen »Nuklearprogramm«? Allein der Begriff wird so verwendet, dass der Eindruck entstehen muss, hier ginge es um etwas Unheimliches. Es gilt zunächst auf eine grundlegende Kleinigkeit zu verweisen, die kaum zur Sprache kommt, wenn vom iranischen »Atomprogramm« gesprochen wird: Selbstverständlich darf der Iran atomare Anlagen und atomare Forschung betreiben. Iran hat – wie fast alle Staaten – den Atomwaffensperrvertrag unterschrieben und sich damit verpflichtet, keine Atomwaffen zu entwickeln. Für die Behauptung, Iran baue »die Bombe«, gibt es keinerlei handfeste Beweise. Noch Ende 2006 veröffentlichte der amerikanische Publizist Seymour Hersh die Ergebnisse einer geheimen Studie der CIA, die ausdrücklich bestätigt, keinerlei Hinweise auf verbotene nukleare Programme gefunden zu haben.[48]

Doch in der Tat hat der Iran mehrfach gegen den Atomwaffensperrvertrag verstoßen. Teheran hatte u. a. damit begonnen, Uran anzureichern, ohne die Internationale Atomenergiebehörde in Wien (IAEO) zu informieren. Urananreicherung wird von vielen Staaten betrieben und ist auch keineswegs verboten, solange es sich um eine niedrige Urananreicherung zum Zweck der Energiegewinnung handelt. Der Verstoß Irans besteht allein darin, die Inbetriebnahme ihrer Anlagen zur Urananreicherung nicht der IAEO gemeldet zu haben, denn diese Anlagen müssen von der Atomenergiebehörde regelmäßig kontrolliert werden. Im Herbst 2004 hat Teheran sogar Zusatzprotokolle zum Atomwaffensperrvertrag unterzeichnet, in denen der IAEO das Recht auf verschärfte und unangemeldete Kontrollen der iranischen Atomanlagen zugesagt

---

[48] Seymour Hersh, »The Next Act«, *The New Yorker*, 27. November 2006.

wird. In der Zwischenzeit hat sich der internationale Druck auf den Iran dramatisch erhöht, und die UNO hat – unter dem Druck der USA – ganz normale nukleartechnische Vorgänge wie die Urananreicherung verboten. Seitdem gilt die iranische Insubordination als eine Art Beweis für dessen finstere Absichten. Trotzdem gibt es so wenig Beweise für ein geheimes Atomwaffenprogramm, wie es Beweise für Saddam Husseins ›Massenvernichtungswaffen‹ gegeben hat. Allein die Politik der Kriminalisierung ist identisch.

Eine internationale Gruppe von Atomwaffengegnern hat eine Liste sämtlicher Verstöße zusammengestellt.[49] Wenn man den Atomwaffensperrvertrag ernst nimmt, dann handelte es

---

49 »Die Streitpunkte: Der Iran behauptet, erst seit 1997 ein Zentrifugenprogramm zu betreiben. Dennoch entdeckte die IAEO, dass bereits seit 1985 an dieser Technologie gearbeitet wurde. Es ist umstritten, ob die erste Phase von 1985 bis 1997 bereits als Programm zu bezeichnen ist oder nur als dessen Vorbereitung, wie der Iran es sieht.

Das Programm wurde nicht autonom entwickelt, wie der Iran ursprünglich behauptete, sondern kam mit ausländischer Hilfe zustande. Abdul Qadeer Khan, der ›Vater‹ der pakistanischen Atombombe, gestand, Technologie an Libyen, Nordkorea und den Iran verkauft zu haben.

Die IAEO entdeckte kleine Mengen hochangereicherten Urans (HEU). HEU wird in der Regel nicht zivil genutzt und dient dem Bau von Atomwaffen. Der Iran behauptet, dass das HEU nur eine »Verunreinigung« von Komponenten aus Pakistan sei. Allerdings sind die Mengen größer, als normalerweise von einer Verunreinigung zu erwarten wären. Zudem ist der IAEO kein Vergleich mit HEU aus Pakistan möglich, weil sowohl der Iran eine Probeentnahme als auch Pakistan ein Interview mit dem Atomwissenschaftler Khan verweigern.

In einem Bericht vom Oktober 2003 beschrieb der Iran sein Atomprogramm. Dabei wurde die Existenz eines älteren Zentrifugen-Typs (P-1) zugegeben. Allerdings war bekannt, dass Libyen die effizientere und neuere Version (P-2) von Pakistan erworben hatte. Damit konfrontiert, gestand der Iran, ebenfalls P-2 gekauft, jedoch nicht damit gearbeitet zu haben. Eine Privatfirma habe damit experimentiert und sie modifiziert.

Zwei der IAEO nicht gemeldete Anlagen – Natanz und Arak – wurden erst durch Informationen einer iranischen Widerstandsgruppe im Exil besich bei diesen Vorgängen eindeutig um Verstöße. Um sich eine Vorstellung über die Größenordnung dieser Verstöße zu machen, wäre es allerdings wichtig, sich darüber im Klaren zu sein, in welchem Ausmaß die Großmacht, die auf der strikten Einhaltung des Atomwaffensperrvertrags pocht, diesen Vertrag im Falle der eigenen Interessen ignoriert. Hier ein kleiner Auszug aus dem Sündenregister der Atommacht USA:

— »Zurzeit überholen die USA ihr komplettes atomares Arsenal, um für die neue Bedrohungslage gewappnet zu sein. Dies bedeutet eine Modernisierung aller Atomwaffen, die in ihrem Besitz sind, sowie die Entwicklung neuer Atomwaffen. Die USA blockieren seit langem die Realisierung des Atomteststopps, indem sie den Vertrag nicht ratifizieren. Gleichzeitig erwägen sie die Möglichkeit, das atomare Testen schneller wieder aufzunehmen, obwohl sie aufgrund von über 1.000 Atomtests seit 1945 ausreichend Daten besitzen, um ihr Atomtestprogramm ohne volle Atomexplosionen fortzuführen.

— Durch die Entwicklung einer neuen Atomwaffe stellt sich für die US-Regierung die Frage, ob sie ihre Atomtests wieder aufnehmen sollte. Im NPR [*Nuclear Posture Review*] wird empfohlen, die Vorbereitungszeit auf neue Atomtests zu reduzieren – momentan könnten auf dem Testgelände in Nevada erst in drei Jahren unterirdische Atomtests durchgeführt werden –, diese Zeit soll mindestens halbiert werden. Für diese Empfehlung gibt es bereits einen Etatposten von 15 Millionen US-Dollar.

---

kannt. Unter den Regelungen des NPT-Zusatzprotokolls hat der Iran sich verpflichtet, alle relevanten Nuklearanlagen freiwillig zu melden und für Inspektionen zu öffnen.
Zwei Mal verweigerte der Iran IAEO-Inspektoren Zugang zu den verdächtigten Einrichtungen, währenddessen – laut IAEO – Objekte aus den Anlagen entfernt wurden.« *www.atomwaffena-z.info/heute/heut_iran.html*.

— Die USA verabschieden sich mit dieser Diskussion endgültig vom Atomteststoppvertrag (CTBT). Trotz der bisherigen Ablehnung des Vertrags hofften viele – auch die deutsche Regierung –, dass bei den USA die Vernunft Oberhand gewinnen würde. Diese Hoffnung erscheint jetzt nicht mehr begründet.

— Die USA und die anderen Atomwaffenstaaten verpflichten sich laut Artikel VI des Atomwaffensperrvertrags, ihre Atomwaffen vollständig abzurüsten. Da die Zahl der Atomwaffen immer noch höher ist als zur Zeit des Entstehens dieses Abkommens, verabschiedeten die Vertragsparteien eine Liste von 13 Schritten, die zu einer systematischen Umsetzung des Artikels führen sollten. Die USA haben dieses Programm mitunterzeichnet. Die aktuelle Administration geht dazu immer mehr auf Distanz.

— Der US-Kongress hat bereits unter der Clinton-Administration abgelehnt, den Atomteststoppvertrag zu ratifizieren. Danach hat Bush den ABM-Vertrag gekündigt und denkt an die Wiederaufnahme von Tests. In den Verhandlungen mit Russland über die Reduzierungen der Atomwaffen beharren die USA darauf, ihre Atomwaffen in Zukunft wieder vollzählig stationieren zu können und nicht – wie von Russland favorisiert – zu verschrotten. Und schließlich zeigt der NPR, dass die USA Atomwaffen auf unbestimmte Zeit behalten wollen und konkrete Einsatzpläne entwickeln, die die Sicherheitsgarantie gegenüber atomwaffenfreien Staaten zunichtemachen. Dieses Vorgehen untergräbt nicht nur den 13-Schritte-Vertrag zur Nichtweitergabe von Atomwaffen.

— Die Pläne und Empfehlungen des NPR summieren sich zu einer gewaltigen Gefahr für die globale Sicherheit. Die USA entwickeln kriegsbereite Atomwaffen, bereiten die Wiederaufnahme von Atomtests vor und planen den Einsatz von Atomwaffen in einem konventionellen Krieg. Dies wird mit Sicherheit dazu führen, dass sich noch mehr Staaten entsprechend verhalten werden und wir uns auf eine gefährdete Welt zubewegen, in der unser aller Sicherheit noch bedrohter ist als zu Zeiten des Kalten Krieges.«[50]

Das ist, wie gesagt, nur ein kleiner Auszug aus dem real existierenden amerikanischen Nuklearprogramm. Zuschauer dürften davon in der *Tagesschau* noch nie gehört haben. Diese Beispiele mögen genügen, um zu zeigen, wie die USA mit internationalen Verträgen umgehen, wenn sie ihren eigenen Interessen zuwiderlaufen. Und da mutet es schon einigermaßen grotesk an, dass ausgerechnet dieser Staat sich zum unerbittlichen Hüter solcher Verträge aufwirft und die europäischen Regierungen sich pflichtschuldigst diese Sorgen umgehend zu eigen machen. Im Übrigen dürfte sich selbst ein Laie darüber wundern, dass der Chef der Wiener Atomenergiebehörde, Mohammed El Baradei, überall da auftaucht, wo die USA ihn hinschicken, er aber gegen die offensichtlichsten Verstöße der USA nicht ermittelt, geschweige denn auf strikte Einhaltung der Atomwaffensperrverträge besteht.

Schließlich kann man noch daran erinnern, dass Syrien 2006 den Vorschlag gemacht hat, sämtliche Atomwaffen aus der Konfliktzone des Nahen und Mittleren Ostens komplett zu verbannen. George Bush d. J. hat diesen Vorschlag umgehend abgelehnt. Denn das hätte natürlich auch bedeutet, dass Israel seine »geheimen« Atomwaffen hätte vernichten müssen. Und dabei wäre vermutlich auch zutage getreten, in welchem Ausmaß die USA das israelische »Atomprogramm« mit installiert haben – vollkommen illegal selbstverständlich.

Sieht man die Sache so, dann zeichnet sich ein etwas anderes Szenario ab, als es unsere Tagesshows zu vermitteln belieben.

---

50 *www.atomwaffena-z.info/heute/heut_atomwaffenstaaten.html.*

Es bleibt wenig übrig von der iranischen Bombe, sehr viel deutlicher wird dagegen das legitime Sicherheitsbedürfnis des Iran. Ich habe mir Dutzende von Sendungen aus dem Hause *ARD-aktuell* über das angebliche Nuklearprogramm des Iran angeschaut. In keiner einzigen wurde je erklärt, worin denn das aggressive Atomprogramm des Iran eigentlich bestehe. In den allermeisten Fällen schien es den Berichterstattern schon zu genügen, dass Iran überhaupt über nukleare Technologie verfügt, um sämtliche Bedrohungsszenarien der USA für begründet zu erachten. Und prinzipiell entfiel dabei der kleine Hinweis, dass der Iran, wie andere Staaten auch, nukleare Forschung betreiben wie auch Anlagen zur friedlichen Nutzung der Atomenergie errichten darf. Vielleicht hat es im Laufe der letzten Jahre tatsächlich mal einen Bericht gegeben, in dem solche Informationen vorkamen. Doch in der überwältigenden Mehrheit aller Beiträge wurde das weder gesagt noch angedeutet und insofern dem Zuschauer der entscheidende Schlüssel zum Verständnis des iranischen »Atomprogramms« vorenthalten.

Ich untersuche im Folgenden drei gewöhnliche Beiträge, die beispielhaft zeigen, wie man bei *ARD-aktuell* politisch äußerst angepasste Nachrichten macht.

Nehmen wir also die *Tagesschau* vom 9. Juli 2003, 20 Uhr. Nur zur Erinnerung: Das ist zwei Monate, nachdem die USA »mission accomplished« im Irak gefeiert haben. Der Irak ist von den USA und ihren Verbündeten besetzt. Seitdem hatte sich nicht der geringste Hinweis auf Saddam Husseins Massenvernichtungswaffen gefunden. Die Gefahr für die amerikanische Politik besteht zu diesem Zeitpunkt u. a. darin, dass die bislang unterdrückte Mehrheit der Schiiten im Irak keineswegs bereit ist, sich an den Vorstellungen der Amerikaner zu orientieren, sondern sich eher an die schiitischen Glaubensbrüder im Iran hält. Höchste Zeit also, im Iran einen neuen potenziellen Feind auszumachen, und zwar mit der gleichen

Politik des Verdachts, die soeben im Irak funktioniert hat, obwohl die Fälschungen längst aufgeflogen sind.

Da berichtet Dieter Sauter aus Istanbul über den Besuch von Mohammed El Baradei, dem Chef der Internationalen Atomenergiebehörde, in Teheran. El Baradei dringe auf Unterzeichnung der Zusatzprotokolle. Was es mit den Zusatzprotokollen auf sich hat, das erklärt Sauter nicht. Der iranische Staatspräsident verlangt dafür Gegenleistungen. Zuerst müsse Amerika seinen Handelsboykott gegen den Iran aufgeben und das Land mit moderner Stromtechnologie versorgt werden. Doch dann sagt Sauter, wo das Problem liegt: »In den atomaren Forschungsanlagen des Iran befasse man sich auch damit, wie die Bombe gebaut wird, vermuten die USA, und auch die EU will dem einen Riegel vorschieben.« Russland baut im Süden des Landes die ersten iranischen Atomkraftwerke. All dies soll unangemeldet kontrolliert werden können. Worauf der Verdacht der Bush-Administration und der EU gründe, das erfahren wir natürlich nicht. Doch Sauter ermittelt: Wir sehen Bilder einer Pressekonferenz, angeblich handelt es sich um einen Studentenverband. »Studenten in Teheran sprachen sich gestern offiziell gegen die Unterzeichnung eines solchen Zusatzprotokolls aus. Der Vertreter des iranischen Studentenverbandes fordert: ›Wir wollen auch die Atombombe, auch Israel habe solche Waffen.‹ Das offizielle Teheran beteuert indes: Wir wollen keine Atomwaffen. Baradei sagt zu, wenn Iran die Zusatzprotokolle unterzeichne, dann könne Iran auch mit moderner Atomtechnologie rechnen.«

Der Bericht endet mit einem interessanten Aufsager: »Die Regierung in Teheran weiß, auch wenn sie noch heute die Zusatzprotokolle unterzeichnen würde, der Druck aus Amerika würde deshalb um gar nichts nachlassen. Auch die EU und der deutsche Außenminister haben schon zu erkennen gegeben, nur die Unterzeichnung der Zusatzprotokolle würde auch das Misstrauen der EU nicht vollständig zerstreuen.«

Fast könnte man glauben, Sauter wollte dem Zuschauer reinen Wein einschenken: Selbst wenn die Iraner alle verschärften Bedingungen der Atomenergiebehörde akzeptieren, ist es noch lange nicht genug. Erst wenn der Iran auf seine souveränen Rechte verzichtet, wenn es sich dem amerikanischen Druck beugt, erst dann geben Bush & Friends Ruhe. Dabei ist es geblieben, so ist der Stand der Dinge. Doch ganz so deutlich will Sauter das natürlich nicht sagen, eher reicht er dem Zuschauer – wie sich das im Land der unbegrenzten Pressefreiheit gehört – einen vieldeutigen Kassiber, der sich nur dem entschlüsselt, der wesentlich mehr weiß, als die Tagesshows zu berichten gewillt sind.

Machen wir einen Sprung von knapp drei Jahren. Jahre, in denen nach Belieben und Ermessen der USA immer mal wieder Druck gemacht wurde, Kriegsdrohungen ausgesprochen und angedeutet wurden, kurz, in denen man die angespannte Situation stetig unter Dampf hielt. Der Iran hat die Zusatzprotokolle unterschrieben, der Druck hat sich eher erhöht.

Doch seit Mitte 2005 ist Mahmud Ahmadinedschad neuer Präsident des Iran, und der Mann ist wie geschaffen für die amerikanische Politik. Er versteigt sich gerne zu wüsten Ausfällen gegen Israel. Während man im Westen schon wieder händeringend vom Existenzrecht Israels schwärmt, übersieht man gerne, dass Israel es mit dem Existenzrecht anderer Völker nicht so genau nimmt. Und schon 2005 hatte der amerikanische Journalist Seymour Hersh aufgedeckt, dass amerikanische und israelische Agenten im Iran bereits Ziele für einen militärischen Überfall ausspioniert hatten.[51] Und ebenso wenig wie Hersh geht es mir darum, Ahmadinedschad zu einem liebenswerten Zeitgenossen zu erklären, es geht alleine darum,

---

51 Seymour Hersh, »The Coming wars. What the Pentagon can now do in secret«, *The New Yorker*, 24. Januar 2005.

wie Ahmadinedschad zur Zielscheibe westlicher »Befreiungskriege« bzw. Präventivschläge aufgebaut wird.

In der *Tagesschau* vom 10. Januar 2006, 20 Uhr, berichtet Sven Kuntze einmal mehr von der iranischen Bedrohung. Man sieht den deutschen Außenminister umringt von Sicherheitsbeamten, er strahlt Entschlossenheit aus. Kuntze: »Seit den frühen Morgenstunden weiß der Außenminister, dass der Iran sein Atomforschungsprogramm wieder aufgenommen hat und damit vermutlich eine internationale Krise heraufbeschworen hat.« O-Ton Steinmeier: »Heute Morgen hat die iranische Regierung offenkundig angefangen, die Siegel zu brechen zu Atomanlagen in Natans, und damit Linien überschritten, von denen sie wusste, dass sie nicht ohne Folgen bleiben werden.« Denn – so erläutert der Reporter – die Wiederaufnahme der Arbeiten in der Atomanlage von Natans gefährdeten die Bemühungen der EU, den Konflikt friedlich und ohne Einbeziehung der UN beizulegen. Doch leider verrät er nicht, worin der Konflikt eigentlich besteht. Es genügt also, darauf hinzuweisen, dass der britische Außenminister die Befürchtungen seines deutschen Amtskollegen teilt – O-Ton Jack Straw: »Das gibt zu tiefer Besorgnis Anlass und verletzt die Abmachungen mit der Atomenergieagentur.« Wie stets hält man den Atem an, wenn der Vertreter einer Nation, die das Völkerrecht im großen Maßstab schlicht ignoriert, sich auf internationale Abmachungen beruft.

Kuntze fährt fort: »Der Vizechef der iranischen Atombehörde habe hingegen beteuert, sein Land handle in Übereinstimmung mit der Wiener Atomagentur. Deren Chef El Baradei unterstrich allerdings, das Verhalten Teherans könne nicht ohne Folgen bleiben.« Doch immer noch versteht niemand, worin eigentlich das iranische Verbrechen bestehen soll. Hatte El Baradei nicht zugesichert, nach Unterzeichnung der Zusatzprotokolle sei alles in Ordnung? Und der Bericht weiter: »Vermutlich Donnerstag treffen sich die Außenminister

Frankreichs und Englands bei dem deutschen Kollegen.« O-Ton Steinmeier: »Um zu sehen, ob unsere Verhandlungen der EU 3 [Deutschland, Frankreich, England] eine weitere Grundlage haben.« Weder in diesem Beitrag noch in anderen Beiträgen wird je erklärt, welches Mandat eigentlich die »EU 3« habe und was um Himmels willen Herrn Steinmeier und Kollegen autorisiert, den Iran zur Einstellung seines Atomprogramms aufzufordern und zum Verzicht auf jegliche Form der Urananreicherung. Denn genau das waren die Forderungen der Europäer. Sie gleichen aufs Haar den Forderungen der Amerikaner. Andreas Zumach kommentiert in seinem Buch *Die kommenden Kriege*: »Auf eine solche Forderung, die eine Diskriminierung Irans anderen Ländern gegenüber bedeutet, würde sich jedoch auch eine demokratisch gewählte Regierung in Teheran nicht einlassen. David Kay, der ehemalige Chefwaffeninspekteur der USA im Irak, stellte Anfang 2005 völlig zu Recht fest, die Eliminierung der heute im Iran vorhandenen atomaren Kenntnisse, Fähigkeiten und Kapazitäten wäre – wenn überhaupt – nur möglich um den Preis eines Krieges und der Besetzung des Landes.«[52]

Kuntzes Bericht schließt so: »Das Weiße Haus erklärte hingegen in Washington: Sollte Iran sein Atomprogramm fortsetzen, müsste der Fall vor den UN-Sicherheitsrat gebracht werden. Genau das, was die Europäer seit Jahren zu verhindern versuchen. Sie wären mit ihren Bemühungen gescheitert. Denn die USA haben in der Vergangenheit stets betont, dass sie eine atomare Aufrüstung des Iran nicht zulassen und auf jeden Fall verhindern würden.« Und wieder stößt man auf einen verrätselten Kommentar. Warum wollen die Europäer eigentlich unbedingt verhindern, dass die Angelegenheit vor den UN-Sicherheitsrat gebracht wird? Der Fachmann ver-

---

[52] Andreas Zumach, *Die kommenden Kriege*, Köln 2005, S. 80 f.

steht: In diesem Falle könnten die USA wieder verschärfte Sanktionen gegen den Iran durchsetzen. Das hieße aber auch, dass die Handelsbeziehungen mit dem Iran erheblichen Beschränkungen unterlägen. Andererseits stellt sich dann die Frage, warum auch die Europäer den Iran mit unannehmbaren Forderungen in Schach halten. Doch schließlich gelingt Sven Kuntze wieder in aller Beiläufigkeit anzukündigen, was sämtlichen bekannten Rechtsnormen zuwiderliefe: nämlich dass die USA in jedem Falle – UNO hin oder her – dem Iran keinerlei Nutzung der Atomtechnologie zugestehen würden. Notfalls werde man sich militärisch zu helfen wissen. Und George Bush hat diese Option mehrfach ausgesprochen.

Schließen wir unsere Beschreibung mit einer kurzen Meldung der *Tagesschau* vom 25. März 2007, 20 Uhr: »Iran hat die verschärften UN-Sanktionen im Zusammenhang mit seinem Atomprogramm zurückgewiesen. Ein Sprecher des Außenministeriums sagte, das Nuklearprogramm diene ausschließlich friedlichen Zwecken. EU-Chefdiplomat Solana kündigte an, er wolle neue Verhandlungen über den Stopp der Urananreicherung aufnehmen. Der UN-Sicherheitsrat hatte die Resolution gestern einstimmig angenommen. Bestimmte Auslandskonten sollen jetzt eingefroren und Waffenexporte aus Iran unterbunden werden.«

Ich sage es noch einmal: Man hätte diese Meldung oder Dutzende andere auswählen können, stets wird man mit einem Fait accompli konfrontiert, ohne dass der Zuschauer die geringste Grundlage zur Beurteilung dieser Politik hätte. Um nur die einfachste aller Fragen zu stellen: Was hat sich der Iran eigentlich zuschulden kommen lassen? Wie kommt es zu der Entscheidung des Sicherheitsrates? Welches Mandat hat Herr Solana, den Iran zum Stopp der Urananreicherung aufzufordern? Hat diese Politik eigentlich noch irgendetwas mit dem Iran zu tun und nicht vielmehr hauptsächlich mit den Vereinigten Staaten von Amerika? Handelt es sich bei den Entscheidungen des Sicherheitsrates nicht vielleicht darum, die USA an einem neuen Militärschlag im Nahen Osten zu hindern? Man darf sagen, die *Tagesschau* steht allen Optionen zur Verfügung. Das nennt sie objektiv.

Eliot Weinberger, Was ich hörte vom Irak. – »Ich hörte, 47 Prozent der Amerikaner glaubten, Saddam Hussein habe bei der Planung von 9/11 mitgewirkt, und 44 Prozent glaubten, die Entführer seien Iraker gewesen. 61 Prozent glaubten, Saddam habe eine ernste Bedrohung für die USA dargestellt, und 76 Prozent meinten, die Iraker seien jetzt besser dran.«

Überall Bundeswehr – nirgendwo Tagesshow. – Für Deutsche mittleren Alters ist es immer noch eine ungewöhnliche Tatsache, dass sich die Bundeswehr mittlerweile an vielen Orten der Welt tummelt. Und es gehört vielleicht zu den tückischsten Folgen der *Tagesschau*, solche einschneidenden Veränderungen, aber auch die enormen Werteverschiebungen und Umdefinierungen der letzten zwanzig Jahre umgehend in Normalität verwandelt zu haben. Eine der Techniken, der sich die *Tagesschau* dabei bedient, besteht darin, die Kontur des Neuen mit der Routine des Gemurmels zu tarnen und in ein allgemeines Hintergrundgeräusch zu verwandeln.

Das kann man etwa bei der Berichterstattung über die Bundeswehreinsätze im Ausland studieren. Dabei stehen in der Regel zwei Aspekte im Vordergrund. Zunächst die ausgiebige Schilderung des Brandherdes, begleitet von der politischen Gewissensfrage: Sollen wir oder sollen wir nicht? Wobei gerne so getan wird, als gäbe es erst das Problem und dann reagiert die Politik darauf. In Wahrheit gerät dieser eine Konflikt überhaupt erst in den Fokus der medialen Aufmerksamkeit, wenn die Politik den Einsatz militärischer Mittel sucht. Wann hätte die *Tagesschau* sich je für den Kongo interessiert? Außer eben, wenn die Politik auf einmal glaubt, sie müsse eine militärische Friedensmission dorthin entsenden. Und sodann erhöht sich die Aufmerksamkeit der Fernsehnachrichten erst wieder im Ernstfall, nämlich wenn deutsche Soldaten gefährdet oder verletzt oder gar getötet worden sind.

Doch was die Bundeswehr genau macht, wenn sie irgendwo in der Welt glaubt, eingreifen zu müssen, das erfahren wir in der Regel nicht. Und wahrscheinlich wüsste die überwältigende Mehrheit der *Tagesschau*-Abonnenten nicht zu sagen, wo die Bundeswehr zurzeit im Ausland mit welcher Mission betraut ist. Eben als sei das doch eigentlich ganz selbstverständlich. Genau das ist es aber noch nicht.

Bevor sich die Bundeswehr 1999 auf Geheiß der Regierung Schröder/Fischer an einem in fast jeder Hinsicht rechtlich äußerst bedenklichen Angriffskrieg gegen Serbien beteiligte, haben die Tagesshows ihre Zuschauer jahrelang auf die Untaten von Slobodan Milosevic eingestimmt – auch wenn sich nicht unerhebliche Teile dieser Berichterstattung später als Propaganda der längst kriegsentschlossenen NATO-Staaten entpuppten. Kritische Medien pflegten solche Inszenierungen unmittelbar zu enttarnen. Doch als man schließlich mit der »Befreiung« des Kosovo Ernst machte und mit dem Bombardement Serbiens begann, war die Berichterstattung über die Realität der militärischen Aktivität sehr dünn. Hat man je die Zahl der Toten genannt, die diese »Befreiung« gekostet hat? Oder gar der toten Zivilisten?

Nehmen wir den 30. Mai 1999. Es ist ein strahlend schöner Sonntag im Frühling. Es ist der 67. Tag des NATO-Bombardements gegen Serbien. Am nächsten Tag wird die NATO zufrieden Bilanz ziehen über ihre Einsätze: »An einem der intensivsten Tage der Operation Allied Forces hat die Luftwaffe der

NATO beträchtliche und breite Schläge gegen strategische und taktische Ziele in ganz Serbien geführt und damit das militärische Potenzial und die Effektivität des militärischen und des Polizei-Apparates der Bundesrepublik Jugoslawien weiter vermindert. Die NATO flog 772 Einsätze, der zweithöchste Einsatz der ganzen Kampagne. Dazu gehörten 323 Angriffe und 92 Einsätze zur Unterdrückung der Luftabwehr (Suppression Of Enemy Air Defence, SEAD). Die Anzahl von 415 kombinierten Angriff/SEAD-Einsätzen ist die höchste Rate an Schlägen der Operation Allied Forces. Bezüglich der in Kosovo eingesetzten Bodentruppen hat die NATO-Luftwaffe eine bedeutende Anzahl von Waffen und Ausrüstungen erfolgreich geortet, identifiziert und getroffen. Diese Angriffe umfassten 12 Panzer, 7 Geschütze, 6 Schützenpanzer, 2 Granatwerferstellungen, 10 mit Mauerwerk verkleidete Stellungen, eine Radarstation und andere militärische Fahrzeuge und Truppenstandorte. Die Liste der getroffenen strategischen Ziele ist eine der längsten in den [bisherigen] 68 Tagen der Operation Allied Forces. Zu den Zielen gehörten: [...].«[53] Auf Seite 2 der Liste ist auch eine »Brücke über Fernstraße« in Varvarin aufgeführt. Die gibt es aber gar nicht.

An jenem Sonntag, dem 30. Mai 1999, genossen die Einwohner der serbischen Kleinstadt Varvarin das Wetter. Der Ort, am Fluss Morava gelegen, hatte keinerlei strategische Bedeutung. Es war Markttag, und man bereitete sich auf die Prozession zum Fest der Heiligen Dreifaltigkeit vor. Auf der kleinen Behelfsbrücke über den Fluss herrschte reger Betrieb. Darunter auch drei 15-jährige Mädchen: Sanja Milenkovic, Marina Jovanovic und Marijana Stojanovic: »Um 13.00 Uhr kamen wir in fröhlicher Stimmung aus der Kirche und vom Markt und machten uns zum Mittagessen auf den Heimweg, der uns

---

53 Operation Allied Forces Update. Zit. n.: *Zeit-Fragen*, 4 (30. Januar 2007).

über die Brücke zurück nach Donji Katun, einem Ortsteil von Varvarin, führen sollte. Wir waren schon nah dem anderen Ufer, beeilten uns aber nicht, denn es war ein wunderschöner, sonniger Maitag. Auf einmal gab es ein Zischen, ein fürchterlicher Einschlag schleuderte uns durch die Luft, ich hörte die Schreie meiner Freundinnen. Es herrschte eine entsetzliche Hitze, ich fühlte mich verglühen und dann in der Luft schweben«, berichtet Marina Jovanovic später. Sie selbst bleibt irgendwie an der zusammenbrechenden Brücke hängen und verliert für ein paar Minuten das Bewusstsein. Die drei Mädchen sind schwer verletzt, Sanja kann schon nicht mehr sprechen. Marinas Unterschenkel scheint nur noch mit ein paar Fasern an ihrem Bein zu hängen. Fünf Minuten später kommen die NATO-Bomber zurück. »Sie sieht ihre Spur und auch das Geschoss, das auf sie zurast. Da rutscht Sanja plötzlich nach unten weg und verliert das Bewusstsein. Sie hängt nun mit dem Kopf im Wasser. Marina kriecht hinunter, um ihren Kopf über Wasser zu halten. Sie rutscht auf den Ellbogen, weil sie die Beine nicht benutzen kann, und ruft um Hilfe. Auf dem Rücken trägt sie einen Rucksack, der ihr wahrscheinlich das Leben rettete, weil in ihm ein kiloschwerer Splitter eingedrungen war. Aus dem Rucksack holt sie eine Wasserflasche, sie benetzt das Gesicht der bewusstlosen Sanja. Jetzt scheint es, als ob ihr Sanja zulächelt. Marina steht bis zur Hüfte im Wasser, kann sich nur gerade so halten bei der starken Strömung, und es überfällt sie die Angst, dass das Bein ganz abgetrennt werden könnte, und so steigt sie wieder aus dem Wasser. Marijana, die ebenfalls schwer verletzt ist, versucht sich am Geländer hochzuziehen, sieht dann zu ihrem Schrecken, dass aus dem Oberarm ein Knochen herausragt, und im selben Moment verlässt sie die Kraft. Beim zweiten Einschlag sieht sie, wie Sanja weiter nach unten rutscht. Es ist dunkel, stickig, die Augen brennen, und beide Freundinnen verlieren zwischendurch immer wieder das Bewusstsein. Die eingestürzte Brücke lässt den Wasserpegel steigen, so dass die Mädchen nun mit ihrem Körper im Fluss liegen. Marijana bekommt noch mehr Angst, Angst um Sanja, aber auch um sich selbst, denn sie kann nicht schwimmen. Marijana sieht die Freundin Marina mit der Wasserflasche zu Sanja kriechen, um ihr das Gesicht zu waschen und sie so wieder zu Bewusstsein zu bringen.«[54] Sanja stirbt wenige Stunden später vor den Augen ihrer Mutter, Marijana bleibt für den Rest ihres Lebens ein Krüppel. Marina hat bis heute 40 Bombensplitter in ihrem Körper, die nicht operativ entfernt werden können. In Varvarin starben noch zehn andere Menschen, und 27 wurden schwer verletzt. Zivilisten allesamt. So sieht das Schlachtfeld des Humanitären aus der Nähe aus. Doch am Abend jenes Tages braucht Jamie Shea, der aufgeräumte Pressesprecher der NATO, noch nicht einmal achselzuckend und grinsend von Kollateralschäden zu sprechen. Das Bombardement von Varvarin ziert die Erfolgsbilanz der NATO-Angreifer und bekümmert das Oberkommando in keiner Weise – und natürlich auch die *Tagesschau* nicht im Geringsten.

Dieser eine Fall wurde später bekannt, weil sich die Angehörigen der Opfer zu einer Klage gegen die Bundesrepublik Deutschland entschlossen hatten. Und auf diesem Weg fand das Massaker von Varvarin dann auch beinahe Erwähnung in der *Tagesschau*. Und zwar meldet diese am 2. November 2006: »Deutschland muss keine Entschädigung für einen NATO-Angriff auf die serbische Kleinstadt Varvarin vor sieben Jahren zahlen. Der Bundesgerichtshof wies heute die Klage von 35 Opfern und Hinterbliebenen gegen den Bund ab. Sie hatten der Bundesrepublik vorgeworfen, den Luftangriff während des Kosovo-Krieges zwar nicht durchgeführt, aber unterstützt zu haben. Dabei waren zehn Menschen ge-

---

54 Hans Wallow, »Das Massaker an der Morava«, in: *Zeit-Fragen*, a.a.O.

tötet und mindestens 30 verletzt worden.« Eine Meldung, die den Grimme-Preis in der Kategorie »Wie man mit Nachrichten Realitäten verdeckt« verdient hätte. Kein Wort über die Ereignisse an jenem 30. Mai 1999. Irgendwann vor sieben Jahren hat irgendjemand ein paar Leute weggebombt. Und in der *Tagesschau* klingt das so, als ob das höchste deutsche Gericht das jetzt für rechtens erklärt. Was übrigens nicht stimmt, denn der Bundesgerichtshof hat die Abweisung der Klage mit komplizierten Zuständigkeitsregeln begründet. So einfach ist die Welt für die *Tagesschau*, wenn man sich nur an die geltenden Sprachregelungen hält.

Ein Zuschauer der Tagesshows hat niemals verstehen müssen, was es heißt, wenn man Millionenstädte wie Belgrad bombardiert. Einfühlsam wurden die Tagesshows stets nur dann, wenn man kriegsbegründendes serbisches Unrecht zeigen oder wenigstens behaupten konnte. Und wissen diese Zuschauer eigentlich, was die Bundeswehr heute auf dem Balkan macht? Gewiss nicht.

Ganz ähnlich verhält es sich mit dem Afghanistan-Einsatz der Bundeswehr. Man erinnert sich: Als die Attentate vom 11. September 2001 die Welt erschütterten, schwor Kanzler Gerhard Schröder sogleich bedingungslose Solidarität. Und umgehend stellte die Regierung Bush eine Koalition der Willigen auf die Beine, die umgehend beschloss, das Taliban-Regime in Afghanistan wegzubomben, was von Anfang an nichts anderes hieß, als ein bereits schwer zerstörtes und traumatisiertes Land neuerlich unter Millionen Tonnen von Sprengstoff zu begraben. Die Amerikaner machten aus den Terroranschlägen einen Kriegsfall, sie stützten sich dabei auf zwei UNO-Resolutionen, die indes keineswegs bedeuteten, Krieg gegen Afghanistan oder andere Länder führen zu dürfen. Doch angesichts des Schreckens von New York wollte in diesem Moment erst recht niemand von Völkerrecht sprechen. Direkt nach den

Anschlägen präsentierten die Amerikaner Osama bin Laden als den Urheber der Attentate. Er sei der Chef des Terrornetzwerks Al Kaida, und Al Kaida bilde einen unlöslichen Zusammenhang mit dem Taliban-Regime in Afghanistan. Die USA haben erst gar nicht ernsthaft versucht, der mutmaßlichen Täter auf geläufigen diplomatischen oder politischen Wegen habhaft zu werden, von Anfang an musste es die militärische Eroberung und Besetzung des ganzen Landes sein. Man kann sich das so veranschaulichen, als wenn man zur Bekämpfung der Mafia Sizilien zusammenbombte. Was bitte nicht als Vorschlag missverstanden werden soll. Kritische Experten hatten überdies von Anfang an darauf aufmerksam gemacht, dass man Terroristen nicht durch Territorialkriege besiegen kann – im Gegenteil: so schafft man Terroristen. Zu keinem Zeitpunkt hat etwa die *Tagesschau* diese Vorgehensweise problematisiert, sondern sich beflissen in den Dienst der militärischen Option und ihrer schauerlichen Energien gestellt – natürlich stets als neutraler und objektiver Berichterstatter.

Die Amerikaner gaben ihrem Antiterrorfeldzug den unerträglichen Namen »Operation Enduring Freedom« – und wieder sollten im Namen der Freiheit viele Zehntausende Menschen ihr Leben verlieren, Menschen, von denen die meisten nur noch ihr Leben zu verlieren hatten.

Die Bundeswehr war fast von Anfang an dabei. Seit 2002 ist sie in zweierlei Gestalt in Afghanistan präsent. Einmal mit einem Kontingent von ungefähr 3.000 Soldaten, die zu den Internationalen Sicherheitsbeistandstruppen gehören: ISAF (= International Security Assistance Forces). Diese Truppe hatte zunächst die Aufgabe, die auf dem Petersberg in Deutschland »gewählte« Regierung von Hamid Karzai bei dem Wiederaufbau des Landes zu schützen und insbesondere den Großraum Kabul zu kontrollieren. Diese internationalen Schutztruppen sind durch ein UN-Mandat völkerrechtlich legitimiert – solange sie sich an diese bestimmten Aufgaben halten. Die zweite Abordnung der Bundeswehr entstammt dem Kommando Spezialkräfte (KSK). Dabei handelt es sich um eine Eliteeingreiftruppe, von der man eigentlich nur weiß, dass es sie gibt, alles andere liegt im dichten Nebel der Geheimhaltung. Tatsächlich hatte der Bundestag am 16. November 2001 den Einsatz von maximal 100 Mann des KSK bewilligt. Mehr weiß man kaum. Offiziell zumindest.

Dass Männer des KSK an der »Operation Enduring Freedom« beteiligt sind, verdankt man sogar nur öffentlichen Erklärungen des oberkommandierenden US-Generals Tommy Franks. Ein Sprecher des Verteidigungsministeriums bedauerte die Veröffentlichung.[55] Verständlich, denn die »Operation Enduring Freedom« hat kein UN-Mandat. Eindeutig hingegen haben sich die Mannen des KSK an völkerrechtswidrigen Aktionen der Amerikaner beteiligt.[56]

Für die *Tagesschau* spielt das alles keine nennenswerte Rolle. Wenn der Einsatz der KSK-Truppe in Afghanistan höchster Geheimhaltung unterliegt – was soll man dann berichten? Allerdings schuldet die *Tagesschau* nicht dem Verteidigungsminister Gehorsam, sondern dem grundgesetzlichen Informationsauftrag. Im Übrigen verlangte niemand, dass wir über strategische Details der KSK-Mission informiert werden, doch man wüsste schon gerne, an welchen militärischen Operationen sich die Bundeswehr beteiligt – und welche Folgen das hat. Doch das Archiv von *Tagesschau.de* meldet kaum eine Handvoll Fernsehbeiträge zum KSK-Einsatz. Für den 25. Februar 2002 zeigt die Suchmaschine einen Beitrag mit der hüb-

---

55 Tobias Pflüger, »Die Calwer Truppe Kommando Spezialkräfte auf Terroristenjagd«, *Imi-online.de*, 5. Februar 2002 (Informationsstelle Militarisierung e. V.).
56 S. Andreas Zumach: »Mit der ›Operation Enduring Freedom‹ hat der Bundestag eine Mission verlängert, in deren Rahmen die Bundeswehr bereits jetzt rechtswidrige Einsätze geleistet hat.« *taz*, 13. November 2006.

schen Überschrift »Bundeswehr jagt Taliban« an, doch der Jagdbericht findet sich nicht mehr im Archiv. Dasselbe gilt für einen Bericht, der am 7. November 2002 gesendet worden sein soll.

Am 28. Februar 2003 bringt die *Tagesschau* eine verwirrende Nachricht, der zufolge die Bundeswehr ihr Kontingent von KSK-Soldaten in Afghanistan verringern will: »In Berlin hieß es heute, die nach dem Bundestag-Mandat zulässige Obergrenze von 100 Elitesoldaten im Rahmen des Anti-Terror-Einsatzes werde nicht mehr ausgeschöpft. Das Verteidigungsministerium dementiert allerdings Presseberichte, nach denen alle Elitesoldaten aus Afghanistan abgezogen worden seien.« Man staunt, was die *Tagesschau* von der KSK-Front für berichtenswert hält. Interessant auch, dass einige Monate später die *Tagesschau* meldet, dass Verteidigungsminister Struck eine Aufstockung der KSK-Truppen im Rahmen der »Operation Enduring Freedom« beabsichtige. Wie und wo die KSK-Truppen eingesetzt werden sollen, davon ist keine Rede. Dafür schafft es das KSK im Jahr 2003 noch einmal, in der *Tagesschau* vorzukommen, und zwar weil ihr Chef, General Günzel, offen mit rechtsradikalen Parolen sympathisierte und deshalb entlassen werden musste.

Dann herrscht bei der *Tagesschau* volle drei Jahre lang Schweigen über das KSK. Dabei mangelte es nicht an brisanten Informationen: Am 6. Juli 2005 veröffentlichen unabhängige Wissenschaftler auf ihrer Homepage (*german-foreign-policy.com*) Informationen, dass zwölf Angehörige des Kommandos Spezialkräfte in Afghanistan gefallen seien. Das KSK-Kommando in Potsdam lehnt jeden Kommentar ab. Doch der pensionierte Brigadegeneral Heinz Loquai erklärt dazu, er habe seit einiger Zeit Kenntnis darüber, dass »deutsche Soldaten bei KSK-Einsätzen ums Leben gekommen sind und die Familienangehörigen massiv unter Druck gesetzt werden, um zu verhindern, dass die Medien darüber etwas erfahren. (...) Es ist wohl auch zu vermuten, dass Parlamentarier hierüber informiert worden sind (wohl nicht PDS-Leute). Irgendwann wird der ganze Schwindel auffliegen.«[57]

Einen Tag später veröffentlicht das Magazin *Stern* eine Vorabmeldung zu einer sensationellen Reportage über das KSK in Afghanistan, die in der nächsten Ausgabe des Magazins erscheinen wird. Dem Autor ist es offenbar gelungen, den Kordon der Geheimhaltung zu durchbrechen. Vielleicht, so vermutet Oberstleutnant Jürgen Rose,[58] konnte das nur deshalb gelingen, weil Angehörige des KSK die Öffentlichkeit gesucht haben. Denn die Soldaten erklären dem *Stern*-Autor, dass »der Einsatz in Afghanistan aufs Ausschalten von Hochwertzielen im Drogengeschäft« hinausläuft. »Einige Offiziere haben uns nach Stabsbriefings klipp und klar gesagt, dass es um drug enforcement geht. ›Wir sollen Drahtzieher ausschalten, eliminieren.‹« Nie hätten sich die KSK-Scharfschützen so intensiv auf »Assassination« vorbereitet, das heißt auf gezielte Todesschüsse.[59] Doch die *Tagesschau* hält sich lieber an die offiziellen Sprachregelungen, denen zufolge es das KSK in Afghanistan vielleicht gibt, doch Genaues weiß man nicht.

Erst am 20. Oktober 2006 würdigt die *Tagesschau* unsere heimlich kämpfende Truppe in Afghanistan mit einem längeren Bericht. Hintergrund dieses Beitrags sind allerdings nicht die Kampfeinsätze des KSK, sondern ist die Aussage des in Deutschland lebenden Türken Murat Kurnaz, der Ende 2001 in Pakistan von Amerikanern festgenommen und dann nach Guantánamo in den rechtsfreien Raum amerikanischer Käfighaltung verbracht wurde. Nach seiner Freilassung im August 2006, die die Regierung Schröder nach Kräften zu verhindern versucht hatte, sagte Kurnaz aus, von Soldaten des KSK in

---

57 Zit. n. Jürgen Rose, »Kommando Spezialkiller«, *Freitag* 29, 22. Juli 2005.
58 Ebd.
59 Uli Rauss, »Diesmal wird es Tote geben«, *Stern* 28/2005.

Afghanistan verhört und gefoltert worden zu sein. Wir hören zwar nie von den Toten des Antiterrorkampfes, doch bei dieser Gelegenheit fällt auf, dass man sehr wenig über gefangene Taliban oder »Terroristen« hört. Entweder werden alle Verdächtigen gleich erschossen, oder aber sie werden in geheime Gefängnisse verschleppt, deren Existenz, im Gegensatz zu Guantánamo, weiterhin erfolgreich geleugnet wird. Auch das gehört zu den Fragen, die die *Tagesschau* niemals zu stellen wagt. Doch der Fall Murat Kurnaz hatte so schnell traurige Berühmtheit erlangt, dass selbst die *Tagesschau* nicht umhinkonnte, auf dieses Thema einzusteigen. Und so erfahren denn am 20. Oktober 2006 die Zuschauer der *Tagesschau* zum ersten Mal etwas Genaueres über das KSK, das heißt vor allem, sie erfahren von der Geheimhaltung, die das KSK umgibt: »Der Einsatz ist streng geheim. Bilder vom KSK-Einsatz in Afghanistan sind tabu. Immer mehr Politiker beklagen deshalb, sie wissen gar nicht, welcher Art von Einsatz sie zustimmen.« O-Ton Hans-Peter Bartels, SPD: »Ich weiß eigentlich nicht, welchen Beitrag die KSK-Soldaten in Afghanistan in den letzten fünf Jahren geleistet haben.« Das ist allerdings bemerkenswert für einen Politiker, der schon mehrfach für die Entsendung solcher Soldaten im Bundestag gestimmt hat, obendrein Mitglied des Verteidigungsausschusses ist und stellvertretendes Mitglied in der parlamentarischen Versammlung der NATO.

So gibt sich der Beitrag vom 20. Oktober 2006 forsch kritisch. Man könnte allerdings auch fragen, warum die *Tagesschau* sechs Jahre lang nicht einmal nachgefragt hat, welchen Beitrag die KSK-Soldaten in Afghanistan geleistet haben. In dem Gefolge der Affäre Kurnaz wird das KSK noch ein paar Mal in *Tagesschau* und *Tagesthemen* erwähnt. Doch es kann keine Rede davon sein, dass man etwas gelernt hätte. Davon zeugt ein Info-Text, der sich bei *Tagesschau.de* mit Datum vom 2. Februar 2007 findet. Es soll die Frage beantwortet werden:

»Was macht die Bundeswehr bei ›Enduring Freedom‹?« Da heißt es unter anderem: »Bundeswehreinheiten sind bei ›Enduring Freedom‹ fast ausschließlich bei der Seeüberwachung am Horn von Afrika eingesetzt. Seit Februar 2002 sind dort deutsche Fregatten zusammen mit Schiffen Frankreichs, Großbritanniens, Italiens, Pakistans und der USA im Einsatz. Ihre Aufgabe ist die Sicherung des Seeverkehrs und die Unterbindung von Waffen- und Drogenschmuggel, mit dem Terroristen unterstützt werden könnten.« Vergessen hat die *Tagesschau* die bislang registrierten 26 Fälle, wo sich die Bundeswehr aktiv am Geleitschutz von Kriegsschiffen unterwegs zum militärischen Überfall auf den Irak beteiligt hat.[60] Schließlich beschreibt *Tagesschau.de* noch den Einsatz des KSK in Afghanistan: »Im Einsatzgebiet Afghanistan sind im Rahmen von ›Enduring Freedom‹ vor allem US-amerikanische und britische Truppen unterwegs – zusammen mit afghanischen Regierungseinheiten. Ihr Auftrag ist derzeit die Suche und Bekämpfung von Kämpfern der Terrororganisation Al Kaida oder ihr nahestehenden terroristischen Gruppen. Die Bundeswehr beteiligt sich hier lediglich mit bis zu 100 Soldaten des Kommandos Spezialkräfte. Wie oft und wie viele Soldaten der Eliteeinheit dort eingesetzt wurden, ist nicht offiziell bekannt. Nach Medienberichten waren zwischen Januar 2002 und September 2003 rund 100 der Elitesoldaten in Afghanistan im Einsatz. Nach Angaben von Verteidigungsminister Franz Josef Jung vom Oktober 2006 waren seit Beginn seiner Amtszeit – also seit November 2005 – keine KSK-Soldaten mehr in Afghanistan. Insgesamt hätten laut Mandat bis zu 2.800 Bundeswehrsoldaten für ›Enduring Freedom‹ eingesetzt werden können. Diese Obergrenze wurde jetzt allerdings auf 1.800 Soldaten reduziert, da nie so viele Soldaten gebraucht

---

60 S. Andreas Zumach, *taz*, 13. November 2006.

wurden. Beim Marine-Einsatz vor dem Horn von Afrika dienen derzeit nur rund 250 Soldaten.« Diese Sorte Nachricht deckt sich ziemlich genau mit den offiziellen Pressemitteilungen von Bundeswehr und Verteidigungsministerium. Von eigenen Recherchen und einem distanzierten Standpunkt keine Spur.

Das Gleiche gilt für die Beschreibung der Rolle der ISAF-Truppen in Afghanistan. In dem Text von *Tagesschau.de* heißt es dazu: »Die ISAF-Unterstützungstruppe, an der die Bundeswehr in großem Umfang beteiligt ist, gehört nicht zur Operation ›Enduring Freedom‹. Der Unterschied der beiden Missionen ausländischer Soldaten in Afghanistan liegt in der Aufgabe. ISAF soll die afghanische Regierung in der Aufbau-Phase unterstützen. ›Enduring Freedom‹ ist für die Suche und Bekämpfung von Terroristen zuständig. Bis Mitte 2006 waren die Einsatzgebiete von ISAF und ›Enduring Freedom‹ zumindest im Norden des Landes auch noch voneinander abgegrenzt. Nun ist das ISAF-Einsatzgebiet allerdings auf Gesamt-Afghanistan ausgedehnt worden.«

So hat man es uns hundertfach berichtet: Die ISAF-Soldaten in Afghanistan stellten eine Art uniformierter Sozialarbeiter dar. Sie sorgen für Schulen, entschleierte Frauen und natürlich Demokratie. Das entsprach wohl nie der Wahrheit, aber spätestens seit Mitte 2006 sind die ISAF-Schutztruppen definitiv in schwere Kämpfe verwickelt. So etwa bei der »Operation Medusa« Anfang September 2006, bei der nach NATO-Angaben mehr als 500 Afghanen und über zwanzig ISAF-Soldaten ums Leben kamen.[61] Im September 2006 beschloss der NATO-Rat überdies eine Ausweitung auf 14 weitere Provinzen im Osten. Damit sind 13.000 Soldaten, die bislang zur »Operation

---

61 Jürgen Wagner, »Die NATO in Afghanistan«. *IMI-Magazin*, Oktober 2006, S. 20–25.

Enduring Freedom« gehörten, dem NATO-Kommando unterstellt. Mit anderen Worten: Die Trennung von NATO-geführten ISAF- und amerikanischen OEF-Truppen befindet sich längst in heller Auflösung – auch wenn das bei *Tagesschau.de* noch nicht angekommen zu sein scheint. Deshalb müsste sich ja ein kritischer Zuschauer der *Tagesschau* eigentlich die Augen reiben, wenn er in der Sendung am 6. März 2007 hört: »In Afghanistan haben die ISAF-Schutztruppen mit der angekündigten Frühjahrsoffensive begonnen. Sie stehen unter Führung der NATO. Mehr als 4.500 Soldaten und 1.000 afghanische Sicherheitskräfte sollen in den kommenden Wochen in der Provinz Helmand im Einsatz sein. Bislang kontrollierten die radikal-islamischen Taliban dort die meisten Gebiete. Sie haben ihrerseits eine Welle von Selbstmordanschlägen angekündigt.« Wie ist das nur möglich? Angebliche »Schutztruppen« bereiten mit einem Male eine Offensive vor. Doch das ist die ganz normale Technik, mit der die *Tagesschau* in grandioser Beiläufigkeit folgenreiche Neudefinitionen unter die Leute bringt und »Fakten« schafft. Gerade war die NATO noch als quasi-karitative Organisation unterwegs, jetzt befindet sie sich mitten in Kampfgebieten.

Und – ist es nicht merkwürdig? – sechs Jahre lang hat die amerikanische Super-Hightech-Armee mit schwerstem Gerät Jagd auf die Taliban gemacht. Anscheinend hat sie nicht gerade große »Fortschritte« gemacht, denn die militärischen Auseinandersetzungen nehmen eher zu als ab. Könnte es nicht sogar so sein, dass es sich gar nicht mehr um einen Kampf gegen »Terroristen« handelt – was immer man darunter auch zu verstehen hat –, sondern es längst um eine Aufstandsbekämpfung geht: den Aufstand der Paschtunen einerseits, der größten Bevölkerungsgruppe im östlichen Afghanistan, die gegen die Kabuler Regierung u. a. wegen eines ungewissen Grenzverlaufs mit Pakistan rebelliert, andererseits den Aufstand einer wachsenden Zahl von Afghanen gegen eine Besatzungsarmee, als die sich die ISAF-Truppen für viele mehr und mehr verdeutlicht haben. Doch über all das findet sich in der *Tagesschau* kein Wort. Immer deutlicher befindet sich die NATO im Krieg gegen Afghanistan und kämpft dort um ihr eigenes Überleben.[62]

Um die Eskalation der Kämpfe und die Neudefinition der Verhältnisse in Afghanistan zu begreifen, hätte man sich längst von den frommen Sprachregelungen befreien müssen, die seit 2002 über die Rolle der NATO und die »Operation Enduring Freedom« verbreitet wurden. In der Realität hat nämlich weder der brutale Militäreinsatz funktioniert noch die Politik des Wiederaufbaus. Und das ist auch kein Wunder: Für militärische Ausgaben von 2002 bis 2006 wurden 82,5 Milliarden Dollar bereitgestellt, die sogenannte Entwicklungshilfe im selben Zeitraum betrug gerade mal 7,3 Milliarden Dollar. Vielen Afghanen geht es schlechter als zu Zeiten des Taliban-Regimes. 70 Prozent der Bevölkerung sind chronisch unterernährt, ein Viertel hat keinen Zugang zu Trinkwasser, und der Chef der neuen afghanischen Regierung, die auf dem Petersberg bei Bonn erfunden wurde, ist ein ehemaliger Manager des amerikanischen Haliburton-Konzerns: Hamid Karzai, der auf vielfache Weise ökonomische Interessen Amerikas in Afghanistan vertritt und eng mit der regierenden US-Administration verbandelt ist, während etliche seiner Minister in den Drogenanbau verwickelt sind. Denn nach dem Sturz der Taliban hat Afghanistan es im Nu wieder geschafft, der mit Abstand größte Heroin-Lieferant auf Erden zu werden. Hätte die *Tagesschau* im Laufe der letzten sechs Jahre wenigstens gelegentlich den Tugendpfad der offiziellen Sprachregelungen

---

62 »Die NATO ist die fundamentale Verpflichtung eingegangen, in Afghanistan zu gewinnen. Und entweder wird sie gewinnen, oder sie wird als Organisation scheitern«, erklärt Ronald Naumann, US-Botschafter in Afghanistan. Zit. n. Jürgen Wagner, a.a.O.

verlassen und sich stattdessen mit den afghanischen Realitäten befasst, dann verstünde man jetzt, warum angebliche Schutztruppen mittlerweile in blutige und aussichtslose Kämpfe verwickelt sind, denn den Kampf um die afghanische Bevölkerung haben die westlichen Befreier längst verloren.

Eliot Weinberger, Was ich hörte vom Irak. – »Ich sah in der *Los Angeles Times* folgende Schlagzeile: ›Stadt zerbombt – USA wollen Vertrauen aufbauen‹.

Ich hörte, dass Militärangehörige nun ›sprechende Karten‹ mit Sätzen mitführten wie ›*Wir sind ein Team, das auf Werten gründet, den Menschen in den Mittelpunkt stellt und danach strebt, Würde und Respekt aller zu bewahren*‹.«

Danksagung

Bekanntermaßen ist Lutz Dursthoff ein hervorragender Lektor. Er ist auch ein Sympath. Das ist wichtiger, als man denkt.
Respektvollen Dank an Jens-Holger Fink für die Überprüfung unzähliger Fakten. Hoffentlich bleibt er dem Verlag erhalten.

Rolf Lappert (*formerly known as* SINNLOSES RÖLFCHEN) ist ein mäßiger Banker, doch ein wunderbarer Freund, höchst ermutigender erster Leser und der Heilige der Kirchenmäuse.

Karin Beindorff danke ich für den kompetenten Rat und entschlossene Tat. Gäbe es mehr Redakteurinnen wie sie, wäre das Buch gegenstandslos.

Das Nämliche lässt sich über Gabriele Gillen sagen.

Selbstverständlich gehen alle Fehler auf meine Kappe.

Toralf Staud / Nick Reimer
Wir Klimaretter

So ist die Wende noch zu schaffen
KiWi 998
Originalausgabe

Es ist soweit: Der Klimawandel ist da – kaum jemand traut sich noch, dies zu leugnen. Doch statt endlich aktiv Klimaschutz zu betreiben und entschlossen die Ursachen der Erderwärmung zu bekämpfen, wird fast nur noch diskutiert, wie man sich an das Unvermeidliche anzupassen habe. Doch noch können wir extreme Veränderungen des Weltklimas verhindern. Wie genau? Das zeigt dieses Buch.

»In ihrem gründlich recherchierten Buch ist es, als stellten die Autoren das Rauschen um Heiligendamm leise, damit man sich mal auf das Mögliche konzentrieren kann. Nur darum ist es dem Buch zu tun: den individuellen, gesellschaftlichen und politischen Handlungsspielraum, eben das Machbare, darzustellen.« *Die Zeit*

»Kaufen, lesen, mitmachen.« *Deutschlandradio Kultur*

Paperbacks bei Kiepenheuer & Witsch   www.kiwi-verlag.de

Michael Müller / Ursula Fuentes /
Harald Kohl (Hg.)
Der UN-Weltklimareport

Bericht über eine unaufhaltsame Katastrophe
Mit einem Vorwort von Sigmar Gabriel
KiWi 1024
Originalausgabe

Die Menschheit hat ein gefährliches Experiment mit der Zerbrechlichkeit der Erde begonnen, weil sie auf eine Warmzeit eine zweite Warmzeit draufsattelt. Seit der Vorlage des UN-Weltklimareports kann nicht mehr bestritten werden, dass der Klimawandel Realität ist. Dieses Buch erläutert die drei Berichte des zwischenstaatlichen Ausschusses für Klimaänderungen (IPCC) über die wissenschaftlichen Grundlagen, die sektoralen und regionalen Folgen und die politischen und ökonomischen Konsequenzen.
Schließlich zeigt das Buch auf, dass der Klimawandel ein neues Denken erfordert: Die ökologische Modernisierung in Wirtschaft und Gesellschaft geht weit über den Einsatz neuer Technologien hinaus.

Paperbacks bei Kiepenheuer & Witsch   www.kiwi-verlag.de

Franz Walter
Träume von Jamaika

Wie Politik funktioniert und was die
Gesellschaft verändert
KiWi 971
Originalausgabe

Wie funktioniert Politik?

Warum bringt die Große Koalition keinen großen Wurf zustande? Warum geht das neue Bürgertum auf Distanz zur CDU? Warum liegt der Schlüssel zu zukünftigen Koalitionen bei den Grünen?
Franz Walter, der profilierte Göttinger Politologe, über die Tiefenstrukturen der deutschen Politik und Gesellschaft.

»Der Professor für Politikwissenschaft nimmt gar nicht professoral, sondern witzig und mit einer großen Portion Ironie die Politikerkaste unter die Lupe.« *Börsenblatt*

»Das schmale Buch ist sehr gut geschrieben. Man liest mit Gewinn und Genuss, wie marode unser Gemeinwesen ist.«
Neue Nachricht

Paperbacks bei Kiepenheuer & Witsch   www.kiwi-verlag.de

Harald Schmidt
Sex ist dem Jakobsweg sein Genitiv

Eine Vermessung
Focus Kolumnen
KiWi 1029
Originalausgabe

Interessiert Sie der Zusammenhang zwischen Hollywoodfilmen über schwule Cowboys und dem Geburtenrückgang in Deutschland? Und haben Sie genug Einfühlungsvermögen, um zu verstehen, dass die Erfindung des Fotohandys das Ende der abendländischen Kultur markiert (und das Ende der Privatsphäre von Harald Schmidt)? Oder wollen Sie wissen, warum man unterwegs ständig die Ladegeräte für das Handy liegen lässt und was so schlecht daran ist, wenn die Deutschen aussterben? Harald Schmidt beantwortet diese und andere Fragen in seinem neuen Buch – mehr als Text auf Papier.

Paperbacks bei Kiepenheuer & Witsch  www.kiwi-verlag.de